한옥

인사이트 종로 01

한옥
전통의 주춧돌 위에 현대를 세우다

초판 1쇄 인쇄 2021년 6월 1일
초판 1쇄 발행 2021년 6월 10일

기획 종로구청
엮은이 콘텐츠하다
자문 신치후 센터장(국가한옥센터)
펴낸곳 콘텐츠하다
주소 서울시 영등포구 선유로49길 23, 2차 IS비즈타워 613호
전화번호 070-8987-2949
홈페이지 www.contentshada.com

인사이트 종로 01

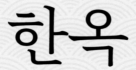

한옥

전통의 주춧돌 위에 현대를 세우다

콘텐츠하다 엮음

콘텐츠하다 🙂종로구

종로, 전통과 현대 가치의 창조적 융합도시

시간의 지배자인 조선 왕의 권위를 상징했던 보신각 종. 그러한 종이 있는 거리라는 뜻의 '종로鐘路'에서 이름을 따온 종로구는 대한민국 심장부에 위치하며 조선 시대 이후 정치·경제·문화·행정의 최중심으로 기능해왔습니다. 도심 속에 우뚝 선 인왕산과 북악산 아래 궁중 문화의 진수이자 조선의 정궁인 경복궁이 고층 빌딩들과 함께 조화를 이루는 곳. 날렵한 기와지붕의 곡선과 서구식 건물의 직선이 교차하고 최첨단 쇼핑가와 전통시장이 공존하는 곳. 이렇듯 그 어느 지역보다 전통과 현대가 어우러진 곳이 바로 종로구로, 우리가 특별히 관심을 가져야 하는 이유도 여기에 있습니다.

종로구는 발전과 개발이라는 미명 아래 우리 고유의 멋과 문화를 잃지 않도록 전통 가치의 현대적 계승과 창조적 융합에 관심을 기울여왔습니다. 종로구의 가치를 서울 시민과 내·외국인들에게 내보이는 일은 우리의 문화 전통을 이어가는 길이자 이곳에 사는 주민들의 자부심을 높이는 것이라고 여겼기 때문입니다.

우리 선조의 멋과 생활의 지혜가 담긴 한옥, 집을 나서면 제일 먼저 만나는 보도와 계단, 지식과 문화를 기반으로 활발한 소통이 이루어지는 도서관 등은 종로구가 보존하고 개선·계승하려는 좋은 가치들입니다. 이처럼 좋은 사업을 체계적으로 지속한다면 또 다른 전통으로 자리 잡게 될 것입니다.

종로구의 가치를 실현한 대표 사례들을 모아 '인사이트 종로' 시리즈로 엮었습니다. 누군가 종로구와 비슷한 고민에 맞닥뜨렸을 때 이 책들이 작은 힌트나 영감이 되어주리라 기대해봅니다.

'인사이트 종로'를 통해 '사람 중심 명품도시'를 꿈꾸는 종로의 바람이 많은 사람에게 전해지기를 희망합니다.

종로, 전통과 현대 가치의 창조적 융합도시

1부

보존과 개발의
갈림길에 서다

종로구는 조선의 태조 이성계가 수도를
개성에서 한양으로 옮긴 이후부터
정치·경제·문화의 중추적인 역할을
담당하는 서울의 중심지로 자리 잡았습니다.
외침을 막기 위해 한양도성을 축조하고
그 안에 궁궐과 관청, 고관대작들의 주거지를
조성하면서, 종로구에는 수많은 문화유산과
함께 우리 선조들의 지혜와 생활을 엿볼 수
있는 전통한옥이 대거 들어섰습니다. 그러나
굴곡진 역사와 근대화의 물결을 지나오면서
전통한옥은 현대인의 생활방식과 어울리지
않는다는 이유로 철거되거나 겉모습만 남아
있는 경우가 많아졌습니다. 이에 종로구는
전통과 현대가 어우러진 역사문화도시로
자리매김함으로써 종로구만의 브랜드
가치를 높이겠다는 뜻을 품고 한옥의 보전과
활성화를 추진하고 있습니다. 전국 최초로
한옥 철거자재 재활용은행을 설립·운영하고,
공공한옥을 통한 한옥 체험시설을 마련하는
등 한옥의 새로운 부활을 꿈꾸고 있습니다.
대한민국 한옥 1번지의 명성과 가치를
잇는 일은 이제 종로구의 시대적 사명이
되었습니다.

대한민국 한옥 1번지, 종로구

서울 한옥의 약 27%가 모여 있는 종로구

종로구는 조선왕조 500년의 유구한 역사와 문화를 통해 다수의 문화재와 세계문화유산을 보유하고 있습니다. 그중 상당수는 한옥으로 대표되는 건축물입니다. 조선시대의 정궁이었던 경복궁을 비롯하여 유네스코 세계문화유산으로 지정된 창덕궁과 종묘가 대표적입니다. 또 북촌과 세종마을, 익선동 등 우리고유의 한옥마을이 옛 모습 그대로 보존되어 있습니다. 종로구가 2019년 시행한 「한옥 보전 및 관리를 위한 학술용역」에서 전수조사한 바에 따르면, 종로구에는 서울시의 한옥건축물 중 약 27%가 분포하고 있는 것으로 나타났습니다.

　종로구에 있는 총 2,796동의 한옥 중 등록 한옥은 720동, 비등록 한옥은 2,076동입니다. 그중 25동은 공공한옥이며, 81동은 문화재로 등록되어 있습니다. 한옥 934동이 남아 있는 북촌

이 종로구 전체 한옥의 33.4%를 차지하고 있습니다. 뒤를 이어 세종마을이 542동으로 19.38%, 종로1~4가 지역이 487동으로 17.42%를 차지했습니다. 다시 말해 종로구 한옥의 약 70%가 이들 세 곳에 집중되어 있음을 알 수 있습니다. 이들 지역은 한옥밀집지역 및 한옥보존지구로 지정·관리되어 전통한옥의 특성을 잃지 않으면서 기밀성과 익명성을 갖춘 근대적 도시주택 유형을 정착시킨 곳입니다.

북촌, 세종마을, 익선동 한옥마을

청계천과 종로의 윗동네라는 뜻에서 이름 붙여진 '북촌'은 경복궁과 창덕궁 사이에 위치합니다. 배산임수라는 풍수 조건까지 갖춰 조선시대에는 권문세가와 왕족, 사대부 양반들의 주거지로, 대형 한옥이 몰려 있었습니다. 하지만 1930년대 들어 일본인 소유였던 북촌의 대형 필지와 임야를 부동산 개발업자이자 독립운동가인 정세권이 매입해 중소 규모의 한옥들을 빼곡하게 건설하면서 변화가 일어났습니다. 이 지역 한옥들은 규모가 작을뿐더러 마당을 중심으로 안채와 사랑채가 에워싸는 ㄷ자, ㅁ자 구조로 배치돼 있어 전통한옥과는 또 다른 모습을 보이는 게 특징입니다.

한때 서촌으로 불렸던 세종마을은 북악산과 인왕산을 배경으로 경복궁과 사직단 사이에 위치합니다. 인왕산 기슭의 세심대와 필운대, 물길 따라 전개되는 청풍계와 백운동은 예로부터 도성 내의 명승지였습니다.

이 지역은 조선 초기에는 왕족과 권력층, 조선 후기에는 중

북촌 한옥마을

인들의 주거지였습니다. 일제강점기에는 총독부 관사와 함께 '벽수산장(친일파 윤덕영이 옥새를 넘기고 지은 집으로 알려졌다)' 같은 친일세력가들의 저택이 들어서는 등 여러 층위의 역사가 중첩되어 있습니다. 전체 건축물의 23.3%(542동)가 한옥인 세종마을은 2010년 한옥보존지구로 지정되었습니다.

종로구의 정중앙에 위치한 익선동은 종묘와 운현궁을 비롯해, 임진왜란 이후 261년간 조선의 정궁으로 사용된 창덕궁에 둘러싸여 있습니다. 사대문 안 핵심 지역이었던 익선동에는 일제강점기에 정세권이 지은 한옥 100여 채가 남아 있습니다. 일제가 민족말살정책을 펼치자, 정세권은 철종 생부인 전계대원군의 저택 '누동궁' 터를 사들여 서민을 위한 한옥 단지를 조성했습니다.

1920~1950년대 지어진 서민 한옥이 밀집한 익선동 일대는 지난 2018년 서울의 마지막 한옥마을(한옥밀집지역)로 지정돼 보존되고 있습니다.

| 2 |
도시 개발로 사라져가는 한옥

한옥에는 보는 이의 마음을 넉넉하고 차분하게 만들고, 주변 풍경과 어울려 사람의 발길을 붙잡아 머무르게 하는 힘이 있습니다. 한옥은 집 안의 풍경을 밖으로 내주고 바깥의 풍경을 집 안으로 끌어들이는 멋과 여유가 흐릅니다. 툇마루에 앉아서 보면 하늘까지 뻗은 처마에 계절의 색이 묻어나거나, 한옥마을의 골목길을 걸으면 기와지붕을 타고 산능선이 이어져 보이는 것은 이런 이유 때문입니다. 또 한옥의 처마는 내리꽂히는 여름 땡볕은 막아주고 비스듬히 드리우는 겨울 햇볕은 받아들입니다. 대청마루 뒤쪽으로 문을 내면 바람의 길이 새로 열리기도 합니다. 한지를 입힌 문과 창은 강한 빛을 걸러 부드럽고 안온한 분위기를 만듭니다.

주변과의 조화는 물론 햇볕과 바람의 자리까지 설계한 자연친화형 주택인 한옥은 여유와 지혜의 산물입니다. 그러나 도시화에 따른 서구식 생활방식이 우리네 삶 깊숙이 파고들면서 한옥의 설 자리가 점점 줄어들고 있습니다. 생활하기 불편하고 겨울에는 춥다는 인식이 퍼지면서, 한옥을 허물고 그 자리에 서구식 다세대주택을 짓는 일도 많아졌습니다. 사라지는 것들이 주는 아쉬움은 단장한 새것보다 더 큰 감회를 불러일으킵니다. 변화의 물결에 밀려난 시간의 뒤안길에는 우리들의 삶과 문화가 녹아 있기 때문입니다.

종로구는 켜켜이 쌓인 시간의 단층 사이로 다양한 사건들이 일어나고 이루어진 장소로 기억되는 곳입니다. 그런 특성은 서울의 어느 지역보다 강하고 뚜렷합니다. 종로구의 정체성은 한옥으로 대표되는 전통문화에서 비롯됩니다. 따라서 한옥의 기

세종마을(서촌)

억을 지우는 것은 종로구 고유의 색을 잃어버리는 과오가 될 수밖에 없습니다. 서구식 주택으로 지어야 삶이 윤택해진다는 논리는 문화의 이면을 보지 않는 편견의 소치입니다. 한옥이 사라진다는 것은 단순히 작고 오래된 주택 한 채가 사라지는 것이 아니라 우리의 역사와 문화와 정신이 훼손되는 일입니다.

한옥에는 개발과 자본의 논리로는 설명할 수 없는 특별함이 있습니다. 그러나 전통을 간직한다고 해서 모든 한옥을 보존할

익선동 한옥거리

수는 없습니다. 운이 좋아야 하고 때를 잘 만나야 합니다. 전통을 지키려는 사람들, 특히 문화의 가치를 아는 지도자와 공무원들을 만나야 합니다. 한옥의 보존과 진흥을 위해 종로구가 발 벗고 나설 수 있었던 비결입니다. 상생과 공존의 해법을 모색함으로써 갈등과 해체 위기에서 벗어나 소위 대박이 난 문화적 도시재생의 공간은 전 세계 곳곳에서 셀 수 없을 정도로 많습니다. 종로구는 한옥 고유의 멋은 살리면서 생활의 편리성을 높인 공공한옥을 선보이는 등 지역 특성에 맞는 개발과 보존 활동을 통해 '한옥지킴이'로 자리매김했습니다.

전통한옥 가치의 계승과 발전

한옥 자재가 전통문화를 지키는 자원이 되다!
한옥 철거자재 재활용은행

대한민국 수도 서울의 중심인 종로구는 전체 면적의 48%가 한양도성 안에 위치합니다. 이 때문에 서울의 한옥은 3채 가운데 1채가 종로구에 있을 정도로 다른 지역에 비해 한옥이 많습니다. 종로구는 이러한 특성을 살려 전통의 아름다움을 보전하면서 한옥에 살고 있는 주민들의 고충을 해소하기 위해 '한옥 철거자재 재활용은행'을 만들었습니다. 한옥 철거자재의 체계적

이상범 가옥

인 관리를 통해 자칫 폐기물로 버려질 수 있는 전통문화 자원
을 재활용함으로써 전통을 보존하고 계승하기 위한 기틀을 마
련한 것입니다.

　한옥 철거자재 재활용은행은 활용 가치가 충분한데도 불가
피하게 철거되는 한옥 자재를 확보하여 전통문화 자원으로 재
활용하기 위해 세워졌습니다. 또한 한옥을 짓고 싶은데 목재나

기와를 새로 사자니 돈이 너무 많이 들고, 마음에 드는 것도 찾기 어려워하는 사람들을 위한 제도이기도 합니다. 2012년 오진암(서울시 등록 1호 음식점)의 이축·복원을 계기로 철거되는 한옥의 자재를 선별하여 보관해오다가, 2014년 3월 재단법인 내셔널트러스트 문화유산기금과 MOU(업무협약)를 체결하면서 전문 지식을 갖춘 전담 직원을 두고 체계적으로 철거자재를 관리하고 있습니다.

2015년 1월에는 '신영동 123-3'의 터에 지상 2층 한옥 철거자재 재활용은행 건물을 신축하고 본격적인 운영에 들어갔습니다. 1,095 m^2의 대지에 연면적 260 m^2 규모의 한옥 자재 은행 건립에는 구비 1억 원, 시비 2억9천5백만 원의 예산이 지원되었습니다. 한옥 철거자재 재활용은행 취지에 맞게 건립에 사용된 모든 자재는 철거 후에도 재활용이 가능한 친환경 자재를 사용하였고, 효율적인 공간 구성과 친환경 공법으로 이웃 주민에게 가는 피해를 최소화하도록 설계했습니다.

버려지는 한옥 자재를 재활용하여
전통문화의 가치를 이어나갑니다

재활용은행은 한옥의 주인이 철거를 신고하는 시점부터 업무를 시작합니다. 종로구에 한옥 철거 신고가 접수되면 전문가가 현장에 나가 한옥 자재의 보존 여부를 진단하고 목재, 주춧돌, 기와, 대들보 등 자재를 선별합니다. 그런 다음 수천 장이 넘는 기와를 한 장 한 장 떼어내고 목재에 손상이 가지 않도록 해체한 뒤 한옥 자재 재활용은행으로 옮겨 옵니다. 이렇게 확보된 자재들은 한옥 신축이나 리모델링 등을 계획하는 사람들에게 저렴한 가격에 판매되거나, 구에서 시행하는 공공시설 건립 사업에 재활용돼 새 생명을 찾아가고 있습니다.

한옥 자재의 보존 여부에 대한 진단과 선별, 해체 작업은 학계 연구자, 실측 전문가, 대목 등 이론과 현장 경험이 풍부한 전문가 집단에 의해 이루어집니다. 보존이 필요한 한옥은 철거 전에 실측 도면을 작성하여 한옥 자료의 영구 보존에도 힘쓰고 있습니다.

세종마을(서촌)의 한옥

재활용은행에서는 단순한 매매뿐 아니라 한옥의 건축 상담과 기술 지도도 지원하고 있습니다. 한옥 전문가가 상주하며 한옥의 설계, 시공, 보수 등 기술적인 자문은 물론 기존 한옥의 관리·보수 방법까지 무료로 알려줍니다.

한옥 철거자재 재활용은행은 문화유산으로서 그 가치가 뛰어난데도 재개발 계획이나 건물주의 사정으로 인해 사라지는 한옥의 명맥을 이어가고자 시민단체와 협력하여 한옥문화의

27

발전을 이끌어나갈 방안들을 꾸준히 강구하고 있습니다. 그러
한 노력의 하나로 종로구는 재활용은행이 보유한 자재를 사용
해 한옥 가치의 전통을 계승하면서 비용까지 크게 절감한 공
공한옥을 다수 지어 시민들을 위한 다양한 문화공간으로 적극
활용하고 있습니다. 뿐만 아니라 전통문화 보존과 한옥 건축의
확산을 위해 한옥 자재에 대한 교육과 체험 프로그램도 운영
합니다.

한국적인 것의 가치를 되새기다
공공한옥 건립

한 나라의 문화와 가치관을 오롯이 반영하면서 사람살이의 향
기가 잘 배어 있는 것이 건축물입니다. 한옥에서 삶에 대한 우
리 선조들의 생각과 태도를 자연스럽게 느낄 수 있는 것도 바
로 그런 이유입니다. 경제 성장 시대에 한옥은 낡고 고루해서
개혁해야 할 대상이었습니다. 사람들의 인식 속에 한옥은 철거
의 대상이지 보존의 대상은 아니었던 것입니다. 자본주의와 합

리주의라는 서구적 가치가 밀려들면서 실용성보다 인간성을 중시하는 한옥의 여유와 느긋함은 '빨리빨리'의 시대적 트렌드를 거스르는 부정의 대상이었습니다.

그러나 성장의 시대를 벗어나 안정의 시대로 접어들면서 사람들은 쉬고 의지할 수 있는 대상을 찾게 되었습니다. 버리고 싶었던 옛것이 되살려야 할 전통임을 깨달으면서 한옥에 대한 시선도 바뀌어갔습니다. 이제는 한옥을 우리네 삶과 문화의 일부분으로 받아들이게 된 것입니다. 종로구는 이런 시대적 변화를 감지하고 종로의 상징이자 변화를 이끌 발판으로 한옥을 점찍었습니다. 북촌과 세종마을, 익선동, 경복궁과 창덕궁 등 한옥을 통해 전통을 느끼고 맛볼 수 있는 곳이 종로구에는 많기 때문입니다.

그 결과물로 탄생한 것이 혜화동 한옥 주민센터입니다. 혜화동은 대학로 및 성균관대학교가 위치해 있어 대한민국 문화의 허브라고 할 만한 곳입니다. 2006년 그곳에서 전국 최초로 한옥 청사가 문을 열었습니다. 바로 혜화동 주민센터입니다. 혜화동 주민센터는 종로구가 1930년대 매입한 한옥 건물을 리모델링한 것으로, 808.1 m^2의 대지에 247.76 m^2 규모로 'ㄷ'자 형태의 독특한 구조를 지녔습니다. 개청 이후 인터넷 등을 통해 입소문을 타면서 관광객과 지방자치단체의 견학 대상이 되었고, 현대적인 한옥 활용의 성공사례로 평가받았습니다.

문화의 전통을 올바로 담아낸 공공한옥의 건립!
종로의 모습이 바로 미래의 서울입니다

처음 문을 열었을 당시, 혜화동 주민센터는 겉보기와 달리 건물 내부가 전통한옥과는 상당히 거리가 있었습니다. 한옥 고유의 서까래가 보이지 않고 창호 대신 유리벽이 있는 등 한옥의 진정한 향취를 담지 못해 종로의 상징이자 구심점이라고 하기에는 미흡해 보였습니다. 본래의 취지를 생각한다면 지붕과 외형만이 아닌 전통한옥 본연의 모습을 제대로 갖출 필요성이 제기되었습니다. 개청한 지 얼마 안 된 건물을 또다시 리모델링한다는 것은 예산 낭비라는 지적도 있었지만, 전통을 올바로 이해하고 존중하는 곳으로 만들어야 한다는 보다 큰 뜻

에 의미를 두었습니다.

리모델링을 추진하는 또 다른 이유는 '종로는 달라야 한다'
고 여겨서였습니다. 문화는 어느 날 갑자기 나타났다가 사라지
는 것이 아니라 세월 속에 켜켜이 쌓이는 나이테와 같습니다.
그래서 문화는 전통에 대한 동경을 놓지 않습니다. 전통을 살리
되 현재에 맞게 우리 것으로 바꾸어야 한다는 생각을 바탕으로
'종로의 모습이 바로 미래의 서울이어야 한다'는 책임감을 가

혜화동 주민센터 전통한옥 청사

졌던 것입니다. 2010년 10월 공사 계획을 수립하고 세 차례의 주민설명회를 개최하여 다양한 의견을 수렴한 끝에 2012년 전통한옥 청사가 탄생했습니다.

혜화동 주민센터를 시작으로 종로구는 도서관 및 전통문화 체험 공간을 한옥으로 건립해 민족 고유의 품격과 자긍심이 깃든 한옥문화의 보존과 발전에 앞장서고 있습니다. 폐가로 방치됐던 한옥을 매입해 전통한옥 체험관으로 재건한 '상촌재', 2015년 대한민국 한옥공모전 대상을 받은 '청운문학도서관', 서화가 이병직의 집이었던 오진암을 옮겨 복원한 '무계원', 공공부지 내에 건립한 전통정자 등 공공건축물에 한옥을 도입해 누구나 편안하게 이용할 수 있도록 만들었습니다. 과거와 현재와 미래가 공존하는 종로의 랜드마크, 종로구가 만들어가는 한옥의 초상입니다.

혜택은 높이면서 부담은 줄이다!
한옥 지원제도

한옥에 대한 사회적 인식은 아직까지 보전 가치보다 자산가치 등 경제적 이익을 우선시하는 경향이 짙습니다. 따라서 새로운 한옥을 공급하는 정책 못지않게 기존 한옥의 훼손을 막고 남아 있는 한옥을 적극적으로 유지·관리하는 정책 역시 한옥의 활성화를 위해서는 꼭 필요합니다. 한옥건축물의 철거와 멸실,

신축과 관리 등에 관한 법규와 절차를 재정비하고 한옥 건축 비용을 지원하기 위해 제도적 근거를 마련하는 것은 무분별한 한옥의 임의 철거를 막고 한옥의 보전과 활용 가치에 대한 사회적 인식을 높이기 위함입니다.

종로구는 한옥 가치의 계승과 한옥문화 발전을 위해 다양한 노력을 기울이고 있습니다. 먼저 한옥건축물의 철거·멸실 신고 규정을 개선했습니다. 이전까지는 건축물의 철거·멸실 신고는 행정법상 자기 완결적 신고로서 신고 후 임의 철거가 가능하다는 문제점이 있었습니다. 신고 없이 무단철거 시 과태료 (30만 원) 부과 처분만 가능해 한옥 보존에 어려움이 있었고, 역사·문화적 가치가 있는 한옥의 철거를 행정적으로 제어할 근거가 없었습니다.

이에 대해 종로구는 국토해양부(현 국토교통부) 및 서울시에 한옥 철거 신고의 현행 법규상 문제점을 제기하며 개정안을 건의했습니다. 건축법 제36조(건축물의 철거 등의 신고) 규정에 의한 철거 신고는 단순 통보 형식이라서 역사·문화적 가치가 있는 한옥을 마음대로 훼손해도 막을 방법이 없다는 점을 들어 한옥 철거를 기존 신고제에서 허가제로 개정해야 한다는 내용이었습니다. 그리고 현행 30만 원인 과태료도 원상복구 명령과 함께 200만 원으로 상향 조정하여 부과해야 한다고 건의했습니다.

건축비용 지원에서 세금 감면 혜택까지! 한옥의 가치를 살리고자 하는 노력입니다

국토해양부 및 서울시와는 별도로 종로구 자체의 개선방안도 마련했습니다. 「전통한옥 등 보존 가치가 있는 건축물에 대한 철거·멸실 방지 대책」[건축과-23805(2010.12.30.)]을 수립했습니다. 한옥 철거 신고 접수 시 보존 가치가 있다고 판단될 경우, 문화과와 협의하는 것은 물론이고 건축과에서 개최하는 건축위원회의 자문을 받아 보존 여부를 판단하는 것입니다. 또 건축물 철거·멸실에 대한 신중한 판단을 유도하기 위해 「건축물 철거·멸실 신고 업무 처리방안 개선 시행」 방침[건축과-16348(2011.08.25.)]도 만들었습니다. 건축물 철거·멸실 신고 처리 관련 전결규정 역시 업무담당자에서 팀장으로 조정함으로써 한옥건축물의 무분별한 철거를 방지하는 시스템을 구축한 것입니다.

서울시에서는 한옥 수선 및 신축에 따른 건축비용을 지원합니다. 한옥보존지구와 그외 지역으로 나누어 공사 종별에 따라 최소 3천만 원에서 최대 1억8천만 원까지 지원해줌으로써 건축주의 부담을 덜어주고 있습니다. 한옥건축물 및 부속토지 재산세 감면 혜택도 제공합니다. 일반주택의 경우 구간별 1~4/1000로 적용되던 세율을 한옥의 경우 0.75/1000로 줄인 것입니다. 주택 외 건축물의 경우에도 일반건축물은 2.5/1000인 세율을 한옥건축물에는 1.25/1000로 낮추었습니다. 또 토지는 산출 세액의 65%를 경감시켰습니다. 종로구에서는 거주자우선 주차장 배정 순위에 있어서도 일반건축물 소유자는 3순위인 반면 한옥 소유자에게는 2순위가 적용됩니다.

한옥 보전 및 관리를 위한 학술용역도 시행합니다. 이는 지역 내 한옥 분포 현황, 관리 실태, 이용 현황 등을 전수조사하여 합리적인 관리·지원 방향 등을 수립하기 위한 것입니다. 지역 내 한옥 거주민들의 주거환경을 개선하고 한옥건축물의 체계적인 관리를 위해 한옥 데이터베이스 구축과 한옥 분포지도 작성을 위한 기초 자료 수집의 의미도 있습니다. 한옥 데이터베이스가 구축되면 지역 내 한옥 현황을 보다 면밀히 파악할 수 있고 자재 수급 역시 용이해집니다. 이러한 학술용역은 한옥 자재 은행과 협업해 지역 내 한옥 자재의 활용도를 높일 수 있을 것으로 기대됩니다.

상촌재

보존을 넘어선
아름다운 부활

　　　종로를 대표하는 문화의 랜드마크는
무엇일까요? 아마도 경복궁을 비롯한 고궁
또는 북촌이나 세종마을 등에 있는 한옥일
것입니다. 화려함이나 규모로 보자면 단연
고궁일 것이고, 삶의 보편성이라는 측면에서
보자면 한옥이 될 것입니다. 이들은 종로구의
얼굴이자 600년 이상 대한민국의 중심으로
자리 잡은 서울의 얼굴이기도 합니다.
하지만 한옥은 도시화에 따른 개발과 서구적
생활방식의 수용에 따라 방치되거나 철거의
대상이 되었던 아픈 시간이 있었습니다.
종로구는 사라져가는 한옥에 대해 '지역
문화유산'으로서 그 역사성을 인정하고
새로운 가치와 역할을 부여하고자 했습니다.
환경 친화적이면서 우리 고유의 건축이자
공간 구성이 아름다운 한옥은 종로구의
노력으로 시민들의 문화공간이면서
관광자원으로 재탄생했습니다. 전통문화의
향수를 지켜가려는 종로구의 노력은
우리의 문화 관광자원을 한층 더 다채롭게
만들면서 민족 고유의 품격과 자긍심이 깃든
한옥의 보존과 발전에 이바지하고 있습니다.
이제 종로구의 한옥이 온고지신의 새로운
지평을 열어갑니다.

1

버려졌던 한옥이 종로의 랜드마크가 되다
상촌재

폐가로 방치돼 있던 세종마을의 한옥 한 채

세종마을은 경복궁의 서쪽에 있는 마을이라 하여 한때 '서촌'
이라 불렸습니다. 공간적으로는 인왕산 동쪽과 경복궁 서쪽 사
이, 청운효자동과 사직동 일대를 지칭합니다. 한옥이 오밀조밀
모여 있는 이곳의 골목길에는 시간의 체취와 문화의 향기가
스며들어 있습니다. 서촌이 세종마을로 불리게 된 것은 훈민정
음을 창제한 세종대왕이 바로 이곳 준수방俊秀坊에서 태어났기

때문입니다. 준수방은 조선 초기부터 있던 한성부 북부 12방 중의 하나로 경복궁의 서문인 영추문 인근 통의동과 옥인동 일부 지역을 말합니다.

조선시대에 '웃대' 또는 '상촌上村'이라고 불렸던 세종마을은 인왕산 자락에 위치하면서 경복궁에 인접하고, 세종대왕 탄생 지라는 상징성과 함께 풍부한 역사문화 자산을 갖고 있습니다. 수계를 따라 형성된 조선시대 도시 조직의 옛 모습이 잘 보존 돼 있을 뿐만 아니라, 북촌과 더불어 서울에서 주거용 한옥이 가장 많이 남아 있는 마을이기도 합니다. 이 지역에는 일제강 점기를 거쳐 해방 이후까지 도시형 한옥들이 꾸준히 지어졌습 니다. 체부동 성결교회, 홍종문 가옥, 이상의 집 등 우수한 건 축자산과 미래유산도 많습니다.

한옥의 멸실이 가속화되면서 종로구는 세종마을의 역사문 화 자산을 지혜롭게 보존하고 활용하기 위해 고민을 거듭했습 니다. 그 첫걸음이 '상촌재'의 건립입니다. 상촌재가 들어선 터 에는 정면 6칸, 측면 6칸으로 이루어진 'ㄷ'자형 구조의 도시형 한옥이 실제로 있었습니다. 인왕산에서 내려오는 옥류동천과 북악산에서 내려오는 백운동천이 만나는 언저리, 바로 '옥인동 19-16번지' 자리입니다. 1906년에 지어진 두 채의 목조 건물은 여러 소유주를 거쳐 2004년 경찰청으로 넘어갔습니다. 하지만 제대로 활용되지 못하고 오랫동안 도시의 흉물로 방치되고 있었습니다.

지역의 역사성을 살린 한옥 체험관 설계 공모

종로구는 도심 개발과 상업화로 점차 사라져가는 전통한옥을 되살리기 위해 2013년 12월 이 집을 사들였습니다. 활용 방안에 대해 고심하며 공청회를 열었는데, 주차장이나 경로당을 만들자는 의견이 쏟아져 나왔습니다. 지역 주민들은 당장의 실용 가치를 먼저 따졌던 것입니다. 주민들의 의견을 경청하면서 종로구는 옥인동의 역사적 가치를 되새겼습니다. 옥인동은 서울특별시 유형문화재 제32호 '선희궁터'와 사적 제149호 '서울 육상궁', 서울특별시 문화재자료 제1호 '박노수 가옥' 등 중요

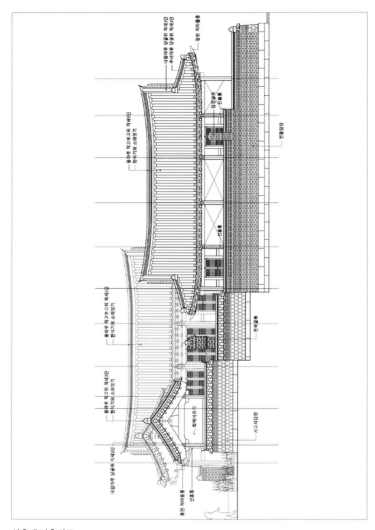

상촌재 남측면도

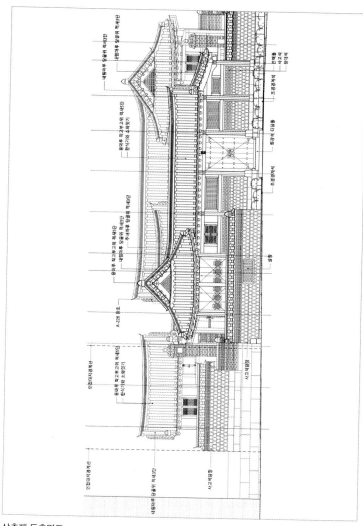

상촌재 동측면도

한 문화적 자산을 품고 있기 때문입니다.

　이런 일련의 건축물들이 가진 역사성을 살리면 더 풍부한 문화자산을 얻게 되리라고 여긴 종로구는 주민과의 대화에 나섰습니다. 주차장이나 경로당을 원하던 주민들도 결국 종로구가 추진하는 정책의 방향성에 동의했습니다. 그리하여 2014년 9월, 한옥 체험관 건립을 위한 설계 공모를 실시했습니다. 전통한옥 양식으로 설계하여 겨울철의 따뜻한 온돌과 여름철의 시원한 마루가 어우러지게 할 것, 19세기 말 도시 중·상류층의 주택 모습을 최대한 재현할 것 등의 설계 지침이 주어졌습니다. 전통적인 생활방식을 직접 체험하고 전통한옥이 지닌 과학성을 이해할 수 있도록 기준을 정한 것입니다.

　이러한 기준에 따라 방, 대청, 마루, 부엌, 뒷간, 장독대, 헛간, 화덕, 담장, 우물 등 주거용 한옥의 기본 요소들이 요구되었습니다. 또한 실사용이 가능하도록 전기설비와 상하수도를 갖추되, 전통 건축 양식에 어긋나지 않게 노출을 최소화하도록 했습니다. 최종 심사 결과 건축사사무소 강희재(대표 강성원)의 설계안이 당선작으로 선정되었습니다. 전통한옥의 다양한 공간을 체험할 수 있고, 대지의 단차를 활용해 안채와 사랑채를 자연스럽게 구분지은 점 등이 높은 평가를 받았습니다.

정밀한 해체실측 조사를 통한 부재의 선별 사용

과거에서 현재로 이어지는 시간의 켜를 담은 상촌재는 세종마을의 역사적 맥락 위에 전통한옥의 생활상을 전하는 곳으로 계획되었습니다. 마루를 통한 내·외부 공간의 확장, 지붕과 지붕 사이로 열리는 하늘과의 접촉, 마당과 마당 사이 누마루를 통한 시각적 소통, 단차를 두어 위계를 부여한 마당 등 전통한옥의 '채와 마당은 하나'라는 개념을 적극 도입하였습니다. 사랑채와 안채, 행랑채의 3채와 행랑마당, 사랑마당, 안마당의 3마당이 그것입니다. 또한 각각의 공간은 유기적인 관계를 맺으며 쓰임에 따라 달라지는 개폐 방식을 통해 공간의 확장이 가능하도록 꾸몄습니다.

　상촌재는 오래된 한옥을 허물고 그 자리에 새롭게 건물을 짓

기로 했습니다. 이를 위해 기존 도시형 한옥에 대한 해체실측

조사가 정밀하게 선행되었습니다. 실측 조사는 2015년 1월부

터 5월까지 약 5개월간 철거 공사와 함께 진행했습니다. 이때

작성한 기록보존용 도면은 세종마을의 문화유산 보존 및 활용

을 위한 기초 자료가 되었습니다. 상촌재의 건립은 기존 대상

지에 있던 한옥의 부자재를 최대한 재사용하고자 한 점이 특

징입니다. 이런 점에서 상촌재의 해체 및 재건축은 건축의 역

사성을 성공적으로 지켜낸 모범사례로 손꼽힙니다.

상촌재는 기존 한옥을 철거하면서 자재를 보관하고 일부는 재사용한 최초의 사례입니다. 때문에 한옥을 해체하는 데에만 3개월이 걸릴 정도로 세심한 작업이 필요했습니다. 재건축 또한 서두르지 않고 정밀하게 진행했습니다. 서까래 등 주요 목재는 값싼 미국산 대신 강릉에서 공수한 엄선된 육송을 사용했습니다. 비용보다 건축물의 의미와 가치를 우선했기 때문입니다. 목공사는 못을 사용하는 손쉬운 방법 대신 이음과 맞춤이라는 전통 방식을 따랐습니다. 기와도 자연스러운 지붕을 연출하기 위해 전통 방식으로 만든 수제 기와를 사용했습니다.

온돌과 한글의 우수성을 알리는 전통문화 공간

상촌재는 2017년 6월 21일, 전통이 살아 있는 한옥문화 공간으로 문을 열었습니다. '상촌재'라는 이름은 세종마을의 옛 명칭인 '상촌'에서 따왔습니다.

사랑마당(위)과 안마당(아래)

안채, 사랑채, 별채로 이루어진 상촌재는 138.55㎡의 규모입니다. 대문을 들어서면 사랑마당이 나옵니다. 사랑채와 중문을 지나면 안마당이 나오고 그 오른쪽에는 안채, 왼쪽에는 별채가 있습니다. 사랑채와 중문이 맞닿은 곳에는 누마루가 있어 사랑채와 안마당이 하나로 이어집니다. 각각의 공간은 단절된 것이 아니라 서로 연결되어 있음을 보여줍니다.

안채에는 조선시대 후기의 부엌을 재현해놓았습니다. 여자

온돌의 구조와 원리를 보여주는 사랑채

들의 이야기가 있는 공간이자 불과 온기가 있는 난방 공간, 그리고 한식이 시작된 부엌의 의미를 널리 알리기 위함입니다. 사랑채는 우리나라의 고유한 난방 기술인 온돌의 구조와 원리를 소개하는 공간으로 만들었습니다. 방바닥에 투명한 유리를 깔아 방문자들이 온돌 내부를 볼 수 있도록 했습니다. 겨울철에는 직접 장작과 숯으로 불을 지필 수 있어 서울에서 온돌 문화를 체험하는 곳으로도 주목받고 있습니다.

특별히 별채는 상촌재가 위치한 세종마을이 세종대왕의 탄생지임을 감안해 한글 전시관으로 꾸몄습니다. 한글 창제의 목적과 원리 등을 보여주며 한글의 우수성을 알리고 있습니다.

상촌재는 유휴 공간을 개방·대여하여 한국문화 체험 기회도 제공합니다. 전통문화의 우수성을 알리는 전시와 함께 한복, 한글, 전통공예 등 한국문화 콘텐츠의 활성화를 위한 거점공간으로도 활용됩니다. 동지, 입춘, 단오 등 전통 세시풍속에 맞춘 절기 행사와 어린이를 대상으로 한 전통문화 체험 프로그램을 운영해 지역 문화생활의 중심 공간으로도 자리매김했습니다.

상촌재는 문화체육관광부 주최 「2018 대한민국 공간문화대

상」에서 '우리사랑상'을 수상했고, 국토교통부 주최 「2018 대
한민국 한옥공모전」에서 '올해의 한옥상'을 수상했습니다. 전
통의 형식 속에 현재적 가치를 담아냈다는 평가를 받으며 한
옥의 미학을 널리 알리는 대표적인 공공건물로 인정받은 것입
니다. 공공한옥으로 탄생한 상촌재는 내·외국인 관광객은 물
론 지역 주민들에게도 유익하고 친숙한 도심 속 문화공간으로
인식되고 있습니다.

2

고즈넉한 한옥에서 음미하는 문학의 향기
청운문학도서관

전통의 향기와 우리 것의 소중함을 일깨우다

___

종로구는 문화 인프라에 대한 지역 주민의 열망을 해결하고 책 읽는 사회문화 조성을 위해 다양한 도서관 건립을 역점 사업으로 추진하고 있습니다.

인왕산 청운지구는 윤동주문학관과 시인의 언덕, 수성동 계곡, 박노수미술관까지 이어지는 문화벨트의 한 축입니다. 이곳

에는 청운공원 관리사무소로 사용하던 낡은 2층짜리 양옥 건
물이 있었습니다. 종로구는 인왕산의 자연경관을 해치지 않으
면서 주변 환경과 조화를 이루는 전통한옥 도서관 건립을 계
획했습니다. 공공도서관으로서의 품격과 규모도 계획에 반영
했습니다. 한옥 도서관을 통해 많은 사람들이 자연과 어우러지
는 한옥의 아름다움을 느끼고, 우리 문화에 대한 자긍심을 키
우는 계기가 되었으면 하는 바람이었습니다.

인왕산에 전통미를 더한 한옥 도서관

청운지구가 갖고 있는 지리적 조건과 문화적 정통성까지 고려
하여 건립한 공공도서관이 '청운문학도서관'입니다. 2014년
11월, 종로구의 15번째 도서관이자 종로구 최초 한옥 공공도
서관으로 탄생한 청운문학도서관 건립에도 한옥 부자재가 재
활용되었습니다. 지붕은 숭례문 복원 때와 똑같은 가마에서 전

보존을 넘어선 아름다운 부활

통 방식으로 구운 수제 기와를 사용해 색감이 자연스럽습니다.
또한 낮은 담장(꽃담) 위에 얹은 기와는 돈의문뉴타운 지역에
서 철거된 한옥에서 3천여 장을 가져와 재사용함으로써 도시
재생 성공사례로도 손꼽힙니다.

그러나 한옥건축물이 지닌 구조적 특성으로 인해 도서관 이
용자들이 겪어야 하는 불편함이 생길 수밖에 없었습니다. 이
러한 단점을 보완하기 위해 앞에서는 1층으로 보이지만 건축

상 지하 1층으로 구분되는 공간은 현대식 구조로 설계해 실용
적인 면을 강화했습니다. 지상 1층 한옥 부분은 한옥이 가지는
아름다움과 장점들을 최대한 살려내고자 하였습니다. 그 결과
지하 1층에는 책을 보관하고 열람하는 열람실을 배치하고, 지
상 1층에는 문학인을 위한 창작실, 세미나실 등을 마련해 현대
적 편리성과 한옥의 미가 조화롭게 공존하는 건물을 완성했습
니다.

보존을 넘어선 아름다운 부활

건축적인 아름다움과 실용성을 두루 갖춘 한옥 공공도서관인 청운문학도서관은 오래되고 보잘것없던 관리시설을 자연과 어우러지는 문화공간으로 탈바꿈한 사례입니다. 한옥 체험과 쾌적한 환경을 갖춘 청운문학도서관의 건립은 청운지구가 문학 인프라의 거점으로 자리매김하는 효과를 가져왔습니다. 도서관으로 역할하며 공원 방문자들에게 안내센터의 기능을 제공하는 복합 문화공간으로서, 특히 문학을 테마로 한 생활밀착형 문화콘텐츠 제공을 가능하게 함으로써 서울 성곽의 새로운 볼거리로 자리 잡게 되었습니다.

문인과 학자, 시민의 문화 소통 공간

지하 1층 지상 1층, 연면적 745㎡ 규모의 청운문학도서관은 2만 2,000여 권의 장서 중 85%가 문학 서적일 정도로 문학 특화 공공도서관으로 계획되었습니다. 기획 단계부터 윤동주문학관 등과 연계한 다양한 프로그램과 문학 유산 콘텐츠를 만들어 문학 인프라의 중심지로 키워나간다는 복안을 구체화시킨

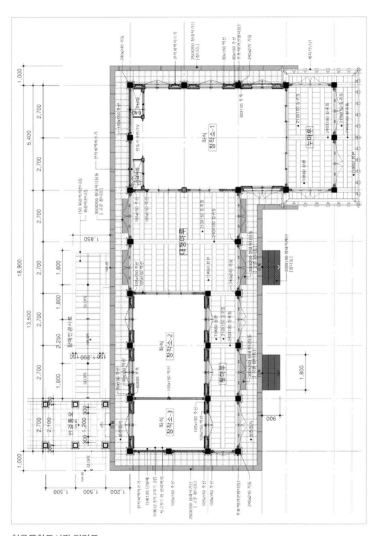

청운문학도서관 평면도

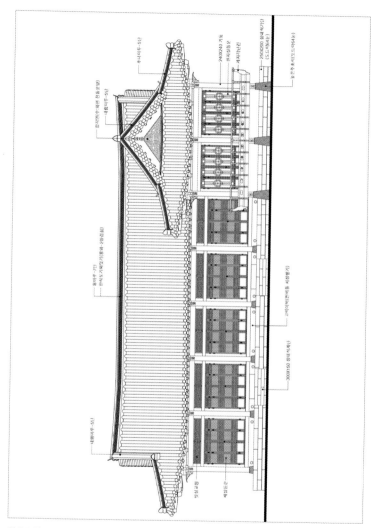

청운문학도서관 정면도

것입니다. 이를 위해 시·소설·수필 위주의 다양한 문학 도서를 갖추고, 각종 독서모임과 창작활동 공간을 제공합니다. 국내 문학작품 및 작가 중심의 기획 전시와 인문학 강연, 시 창작교실도 운영합니다.

뿐만 아니라 문인들의 모임 지원, 특강, 심포지엄, 문학콘서트 등을 통해 문인과 학자, 시민의 소통 공간이 되고 있으며, 문학과 관련된 프로그램도 꾸준히 개발하고 있습니다. 1층 다목적실에서는 문학인과 함께하는 인문학 특강 같은 관련 행사가 수시로 열립니다. 또한 폭포 옆 전통누각 및 열람실에 시 낭

송 감상실과 시 항아리를 설치해 '마음에 시詩 한 편, 시 읽기 캠페인'도 전개하고 있습니다. 이 캠페인은 구민 및 도서관 방문객에게 분주한 도시생활에서 잠시나마 시 한 편이 주는 여유를 가져보라는 의미로 시작되었습니다.

한옥 도서관에 어울리는 '조선시대 미술 문화'와 '열하일기 완독 강좌' 등 장년층을 위한 인문학 강좌도 다양하게 진행됩니다. 이와 더불어 전통예절 문화를 체험할 수 있는 '청운까치서당', '아빠와 함께하는 1박2일 독서 캠프' 등 어린이를 위한 문화체험 프로그램까지 운영하고 있습니다. 지역 주민뿐만 아니라 관광객까지 즐겨 찾는 청운문학도서관은 다양한 문학 관련 활동이 가득한 문학 특화 공간이면서 종로구의 인문학 허브로 역할을 다하고 있습니다.

청운문학도서관은 철거된 한옥건물의 부자재를 재활용하는 한편 곳곳에 전통 건축의 아름다움을 담아, 국토교통부가 주최한 「2015 대한민국 한옥공모전」에서 '대상'을 받았습니다. 공공건축물로서 한옥과 양옥이 자연스럽게 결합해 주변 환경

과 조화를 이룬 청운문학도서관은 한옥의 다양한 확장 가능성
을 보여주었다는 데 큰 의의가 있습니다. 윤동주문학관과 함께
전통과 문학이 어우러진 경복궁 서쪽 지역만의 독특한 문화적
요소를 느낄 수 있는 청운문학도서관은 종로구의 대표 도서관
으로 손색이 없습니다.

3

'오진암'을 이전하여 복원한 전통문화 공간
무계원

철거의 아픔을 이겨낸 역사적 건물, 오진암

건축미가 뛰어나 '소궁궐'이라 불린 오진암梧珍庵은 1910년대 초에 건립된 대표적인 상업용 도시한옥이었습니다. 원래는 조선 말기 내시 출신으로 서화 수집과 감식자로서 명성이 높았던 서화가 이병직의 집이었습니다. 이병직 이전에는 서화가 김용진이 살았는데, 1930년대에 이병직이 사들였다고 알려져 있습니다. 이병직의 집에는 오세창과 장택상 같은 당대 유명

인사들도 자주 드나들었다고 합니다. 해방 이후에는 영화계의 대부 임화수가 살다가 1953년 한 사업가가 매입해 요정(料亭, 고급 요릿집)으로 문을 열면서, 오진암은 서울시 등록음식점 제1호로 이름을 올렸습니다.

오진암은 1970~1980년대 삼청각, 대원각과 함께 요정정치의 근거지로 꼽혔습니다. 1972년에는 이후락 중앙정보부장과 북한 박성철 제2부수상이 만나 남북 냉전체제를 대화 국면으로 이끈 7·4 남북 공동성명을 논의한 역사적인 장소이기도 합니다. 이처럼 현대 정치사의 단면을 간직한 곳이자 유명 음식점으로 이름을 날리던 오진암은 서초동에 같은 이름의 새로운 음식점을 개점하면서 문을 닫았습니다. 2010년 10월, 이 자리에 관광호텔이 들어서게 되면서 근대사의 한 축을 담당했던 오진암은 역사 속으로 사라질 위기에 처했습니다.

서울시와 종로구는 오진암이 문화재로서 보존 가치가 있는지를 검토했지만 개인 재산이라는 한계 때문에 문화재 보호에 필요한 조치를 하지 못했습니다. 하지만 오진암은 20세기 초반

에 지어진 상업용 도시한옥으로서의 희귀성을 감안할 때 보존
가치가 크다는 의견이 많았습니다. 보존 필요성의 지속적인 제
기에도 불구하고 결국 오진암이 철거에 들어가자 종로구는 독
자적인 결단을 내리게 되었습니다. 사료적 가치가 충분한 오진
암을 보존하기 위해 다른 장소로 옮겨 복원하기로 결정한 것
입니다.

안평대군의 무계정사지에 '무계원' 건립

오진암의 이축·복원이 결정되면서 이에 따르는 비용과 장소 확보가 시급한 해결과제로 떠올랐습니다. 다방면에 걸친 종로구의 노력 덕분에 호텔 시행사가 이축·복원 비용을 부담하기로 했습니다. 국토교통부의 '지자체 한옥건축 지원사업'에도 선정되어 사업비 부담을 줄였습니다. 이전 부지도 창의문(자하문) 밖 부암동에 마련했습니다. 당시 이 터는 주차장 건립이 추진되고 있었는데 주민들과의 대화를 통해 오진암의 이축·복원 장소로 변경할 수 있었습니다. 이러한 과정을 거쳐 익선동에 있던 오진암은 부암동에서 전통문화 공간 '무계원'으로 새롭게 태어났습니다.

'무계원'은 세종대왕의 셋째 아들인 안평대군의 사저 '무계정사'에서 따온 이름입니다. 종로구는 전통문화 진흥을 위해, 세종 시대의 문화 발전에 주도적 역할을 했던 안평대군의 숨결이 깃든 무계정사지 근처에 오진암의 새 터를 잡은 것입니다. 안평대군은 이곳이 꿈에서 본 도원과 흡사해 안견에게 이를 얘

기해주고 3일 만에 〈몽유도원도夢遊桃源圖〉를 그리게 했다고 전해집니다. 그후 정자를 지어 '무계정사武溪精舍'라 칭하고 글을 읊으며 풍류를 즐겼다고 합니다.

어려서부터 학문을 좋아하고 시문·서·화에 모두 능하여 삼절三絶이라 불렸던 안평대군은 특히 당대 제일의 서예가로 유명했습니다. 무계원의 현판은 안평대군이 쓴 글자를 모아서 만들고 싶었지만, 안타깝게도 안평대군의 친필은 남아 있는

것이 드물다고 합니다. 현재 무계원의 현판은 《조선왕조실록》
에서 가져온 글자입니다.

　예산과 부지를 확보했지만 오진암의 이축·복원은 건물을 새
로 짓는 것보다 훨씬 어려운 작업이었습니다. 오진암의 부자재
들은 이미 해체되어 뿔뿔이 흩어진 상황이었습니다. 종로구는
강원도 인제부터 전남 장흥까지 사업자들을 찾아다니며 설득
끝에 부자재들을 되찾아 왔습니다. 각지에서 되찾은 부자재들
이 부암동으로 속속 도착해서야 이축·복원 공사에 본격적으
로 착수할 수 있었습니다. 공사는 건물의 원형을 최대한 변형
없이 복원한다는 원칙 아래 차근차근 진행되었습니다.

전통문화 보존을 위한 전통 방식의 복원

무계원은 대문을 비롯해 안채의 기와, 서까래, 기둥 등에 오진
암의 부자재들이 고스란히 자리하고 있습니다. 이축 과정에서
훼손을 최소화하기 위해 철저한 보양 작업을 했고, 재사용이

보존을 넘어선 아름다운 부활

상량목 서명

불가능한 부자재는 그 기법과 성격까지 사소한 변형이 없도록
세심한 주의를 기울였습니다. 기와, 기둥, 보, 도리, 주춧돌 등
큰 부재는 물론 창호와 같은 부수적인 부자재도 그대로 옮겨
서 원형대로 복원하는 것에 초점을 맞추었습니다. 담장과 외벽
의 미장은 전통 방식에 따라 공사를 진행했고, 전동공구 등 현
대적 도구의 사용도 최소화했습니다.

　하수구 뚜껑이나 전기설비의 수전반 등 어쩔 수 없이 설치되
는 현대 시설은 눈에 띄지 않게 위치를 조정하거나 전통문양

의 창호로 덮어 조선 후기의 풍취를 해치지 않도록 했습니다.

또 석축 기단은 도심 재개발로 사라질 뻔한 청진동 지하 4m

땅속에 500년간 묻혀 있던 발굴석을 활용하였으며, 석축은 최

고의 석공들이 하나하나 돌을 깎아 쌓아 올렸습니다. 조경 또

한 외래종 식물을 배제하고 과거 사대부들이 사랑했던 배롱나

무(목백일홍)와 소나무 위주로 심어 전통정원의 아름다움을 그

대로 유지하였습니다.

무계원의 안채에서 천장을 바라보면 옛 오진암과 무계원의

도리가 기둥에 나란히 걸려 있어 100년이라는 시간이 서로 이어져 있음을 알 수 있습니다. 도리는 무계원에서의 과거와 현재의 공존을 잘 보여줍니다. 오진암의 건립 연대가 1910년임을 알 수 있는 기존 상량문 부재(庚戌九月二十五日辰時立柱上樑, 경술구월이십오일진시입주상량)를 안채 대청마루에 재사용하고, "西紀 二千十二年 五月二十三日(서기 이천십이년 오월이십삼일) 오진암 한옥을 옮겨지어 상량하다"라는 이축·복원 상량문을 따로 만들어 전통 방식으로 상량식도 거행했습니다.

'유니크베뉴'로 선정된 전통문화 시설

2012년 2월부터 공사를 시작한 무계원은 2013년 9월 기부채납 절차를 거쳐 10월에는 와편 담장을 비롯한 모든 공사를 완료했습니다. 2014년 3월 새롭게 문을 연 무계원은 역사와 전통문화를 씨줄과 날줄로 엮어 오늘의 시간 속에 펼쳐놓았습니다. 정교하고 세심한 과정을 거쳐 복원하였기에 건물 구석구석에는 역사의 숨결과 장인의 손길이 더해졌습니다. 아울러 철거

부자재와 청진동 재개발 지역에 묻혀 있던 발굴석을 재사용함으로써 비용을 절감하며 문화유적 보전과 개발의 새로운 지평을 열었습니다.

낮은 담장으로 한껏 개방감을 살린 무계원은 고즈넉한 풍광 속에서 한옥을 체험하며 한국 전통문화의 멋과 아름다움을 느낄 수 있는 공간입니다. 안채와 사랑채, 행랑채로 구성되어 있으며, 주민을 대상으로 다양한 문화 및 인문학 강좌를 운영합니다. 개관 직후부터 '문화 융성, 세종시대의 문화를 살펴보다', '조선시대 명화 속 역사를 만나다', '조선시대 명필·명문 속 역사를 만나다' 등 최고의 강사진과 수준 높은 강의 내용을 갖춘 '무계학당'을 운영하며 명품 강연장으로 호평받고 있습니다. 안채 마루와 안마당·뒷마당 등 부대시설에서는 다양한 전통문화 행사도 열립니다.

무계원은 고품격 문화·예술 공간으로서 저명인사 초청 특강, 토요일 및 문화가 있는 날 공연, 수준 높은 국악 공연, 여름방학 문화 프로그램, 다도교실 등 다양한 문화 강좌 및 전통문

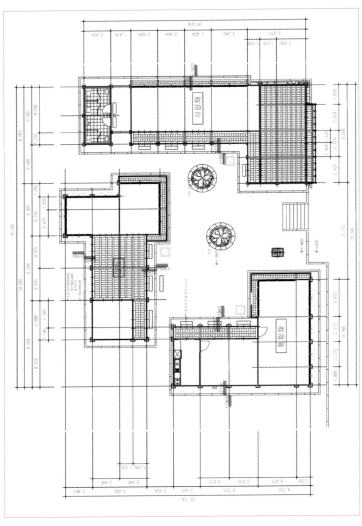

무계원 평면도

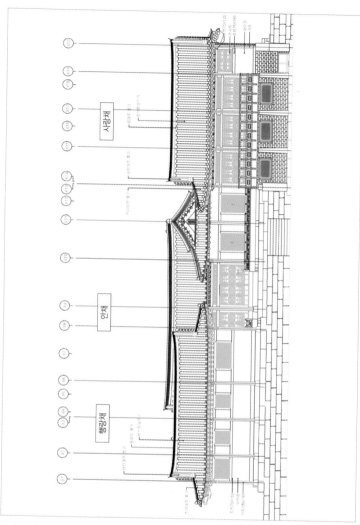

무계원 정면도

보존을 넘어선 아름다운 부활

화 공연 등을 기획·운영하고 있습니다. 또한 기업과 단체의 세미나와 연수를 위한 회의 장소로도 각광받고 있습니다. 2014년 11월에는 600년 수도 서울의 역사와 문화가 있는 장소, 예술과 자연경관을 함께 누릴 수 있는 장소, 연회·회의 등의 국제 행사 개최가 가능한 공간을 대상으로 한 유니크베뉴Unique Venue(한국관광공사)에도 선정돼 국제회의 장소로서의 면모도 갖추었습니다.

안견이 안평대군의 꿈을 듣고 그린 〈몽유도원도〉의 배경 부암동 무계정사지에 이축·복원된 오진암은 시공간을 넘어 '무계원'이라는 이름으로 다시 태어났습니다. 건축적인 아름다움과 역사적 유물의 의미를 깊이 있게 되살린 무계원은 전통문화 체험 및 특화 프로그램으로 주민들에게 개방되어 전통문화 명소로서 가치를 더해가고 있습니다.

4

'터무늬'가 있는 청진공원 속 도시한옥
종로홍보관

피맛길이 있던 청진동

광화문 교보문고와 종로1가 사이에 위치한 청진동은 우리나라의 급격한 변화와 발전상을 보여주며 과거와 현재, 미래가 공존하는 상징적인 곳입니다. 그 때문에 외국인 관광객들이 반드시 방문할 장소로도 손꼽히고 있습니다.

오늘날의 청진동은 조선시대에 시전행랑과 피맛길이 있던 자리입니다. 법궁인 경복궁과 행정기관들이 근처에 있다 보니

시전행랑 앞으로 양반들의 행차가 빈번했습니다. 그때마다 일반 백성들은 땅에 엎드려 양반들이 지나갈 때까지 기다려야 했습니다. 그래서 많은 백성들이 말과 사인교(가마)의 행렬을 피해 시전 뒤쪽 골목길, 즉 '말을 피한다避馬'는 뜻의 '피맛길'로 다녔다고 합니다.

시전행랑 앞 도로와는 달리 피맛길은 서민적이고 활기 넘치는 장소였습니다. 싼값에 술을 마실 수 있는 선술집과 주막이 즐비했고, 조선 후기에는 몰락한 양반가의 부녀자들이 팔뚝만 내어놓고 술을 따라주는 '팔뚝집'도 있었습니다.

종로구청 건너편에는 도심정비사업 전까지만 해도 구옥들이 제법 남아 있었습니다. 쇠락한 시대의 잔해같이 느껴지던 이곳에도 개발의 물결이 밀려들면서 피맛길은 사라지고 대형 빌딩들이 그 자리를 차지했습니다. 직장인들이 모여들고 유동인구가 늘어나는데 사람들 쉴 곳이 마땅히 없었습니다. 청진동은 광화문과 서울시청, 조계사와 인사동, 청계천을 연결하는 사통팔달의 중심점이자 그물코 같은 자리입니다. 그래서 종로구는 이곳에 공원을 조성하기로 결정했습니다. 매력적인 공간이 생

긴다면 동서남북 명소와도 연결될 뿐만 아니라 수많은 유동인구의 휴식 공간이 되기 때문입니다.

되살아난 600여 년 전 마을의 흔적
———————

종로구청에서 종로1가 방향으로 내려가다 보면 왼쪽에 소담한 공원 하나가 있습니다. KT사옥과 D타워, 르메이에르, 식객촌 등 대형 빌딩 숲 사이 다소곳이 자리 잡은 한옥 한 채와 녹지가 어우러진 이곳이 바로 '청진공원'입니다. 공원 입구에는 일반적인 도심 공원의 이미지와는 어울리지 않는 텃밭까지 조성되어 있습니다. 텃밭에는 배추와 무, 토마토 등이 자라고 있어 잊고 지냈던 농촌의 정취를 만끽할 수 있습니다. 유기농법으로 재배되는 채소 등 농작물은 나비의 애벌레들도 탐을 내 건강함과 깨끗함을 상징하는 구멍까지 뚫어놓았습니다.

청진공원의 안쪽으로 들어가보면 나지막한 담장들로 구획이 지어진 것을 볼 수 있습니다. 종로구는 도시 개발 속에서 사라

져가는 청진동의 옛 모습과 흔적을 되살리기 위해 '청진 구역
도시환경 정비사업'을 시작했습니다. 먼저 구옥들을 매입해 각
집의 담장과 그 흔적들을 가능한 한 그대로 보존하기로 했습
니다. 물론 허물어진 담장은 그대로 쓸 수 없어 담장의 높이를
최대한 낮추고 손을 보았습니다. 땅속에 묻혀 있던 주춧돌을
재활용하고, 1900년대 지적도를 따라 옛 건물터와 191m 담장
도 되살렸습니다.

이른바 '터무늬'가 있는 도심 속의 쉼터를 만든 것입니다. 마

보존을 넘어선 아름다운 부활

당에는 절구와 맷돌처럼 옛날 민가 마당에 놓여 있었을 법한 살림 도구들을 배치하고 구획을 따라 텃밭을 조성했습니다. 또한 돌담을 따라 편편한 돌을 박은 박석포장으로 옛길을 재현하고 1980년대 이전 집터의 흔적에 맞춰 회화나무, 대나무, 소나무 등을 심었습니다. 돌담길과 텃밭과 정원 분위기가 우러나는 정감 있는 도심공원이 탄생한 것입니다. 수백 년 된 골목길과 집터를 고스란히 되살린 공원은 지나간 시절의 향수와 삶의 흔적을 반추해보는 공간이 되었습니다.

'ㅇ'자형 도시한옥 형태의 종로홍보관

청진공원에는 고층 건물이 즐비한 빌딩 숲 사이로 종로의 역사와 전통미가 드러나는 공간이 하나 있습니다. 1935년경 지어져 'ㄷ'자형 도시한옥의 형태를 지닌 '종로홍보관'입니다. 매입한 '구리개'라는 음식점의 구옥 중 가장 보존 상태가 좋고 규모가 큰 한옥을 리모델링한 건물입니다. 햇볕이 잘 드는 남향에 사람이 걸터앉을 만한 너비의 툇마루가 붙어 있고, 안이 들여다보이도록 설계한 유리창은 한옥 문과 창살 디자인을 활용해 현대적인 기능과 전통미를 조화시켰습니다.

종로홍보관은 한옥의 아름다움과 종로의 역사·문화를 알리는 공익 목적의 전시 공간이자 관광객과 시민을 위한 문화 교류의 장소입니다. 이곳에는 정책이나 행정 사례 등을 홍보하는 고답적이고 노골적인 콘텐츠가 없습니다.

홍보관에 들어서면 제일 먼저 눈에 띄는 것이 벽에 걸린 10개의 디지털 패널입니다. 디지털 패널은 종로의 역사적 사건들을 '종로 명장면 10'으로 엮어 미니 다큐멘터리 형태로 보여줍니다. 조선의 건국부터 일제강점기를 거쳐 민주화운동과 월드컵

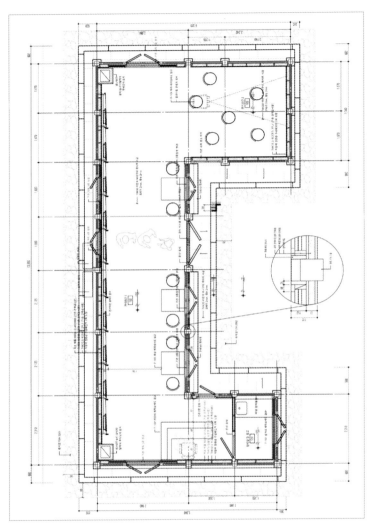

종로홍보관 평면도

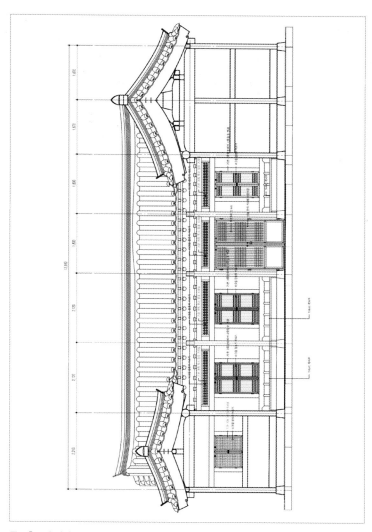

종로홍보관 정면도

보존을 넘어선 아름다운 부활

종로홍보관

의 응원 열기까지 종로구에서 일어난 역사적인 사건들을 시대
순으로 소개하고 있습니다.

다른 쪽 벽에는 북촌 한옥마을과 인사동, 청계천 등 종로구
의 명소들이 소개되고, 일제강점기 때 의열단원으로서 종로경
찰서에 폭탄을 던진 김상옥 열사의 항일운동 이야기가 샌드아
트 영상으로 펼쳐집니다. 또 다른 쪽에는 종로구의 문화유산과
자연경관을 360도 화면으로 즐길 수 있는 VR(가상현실)기기도
설치돼 있습니다.

디지털 패널

영상 상영 부스

　　삭막해져가는 빌딩 숲 속에 옛 정취를 되살려놓은 청진공원과 역사의 지층 속을 여행하는 타임머신 같은 종로홍보관은 도시민들에게 여유와 휴식을 제공하는 도심 속 녹색 문화공간으로 각광받고 있습니다.

보존을 넘어선 아름다운 부활

5

한옥 철거자재로 축조한 전통정자
와룡정/혜화정/송강정/청진정

'누정'으로 대표되는 선비 문화의 중심 공간

조선시대의 정궁인 경복궁에는 향원정(보물 제1761호)이 있고, 창덕궁(사적 제122호)에는 존덕정이라는 정자가 있습니다. 광화문 앞 옛 육조거리에 있던 조선시대 최고의 관청 '의정부' 터에서도 정자의 흔적이 확인되었습니다. 역사를 거슬러 올라가면 신라시대에 만들어진 경주의 포석정도 정자의 이름입니다. 이처럼 정자는 우리나라 '누정 문화'의 중심 시설입니다. 누정樓亭

은 누각과 정자를 일컫는 말입니다. 누각은 멀리 넓게 볼 수 있도록 복층으로 된 건물이고, 정자는 경관이 수려한 곳에 단층 구조로 지어진 건물을 일컫습니다.

조선시대에는 당대 최고의 교양인이었던 사대부 선비들이 누정에서 자연과 인간의 조화를 꿈꾸며 시문을 읊고, 차를 마시며 예악을 즐기고, 서화를 그리며 교유를 나누었습니다. 그래서 누각과 정자는 선비 정신을 바탕으로 고도의 집약과 절제로 완성한 뛰어난 건축물이 많았습니다. 특히 선비문화의 한 유형으로 남겨진 정자는 명망 있는 인물과 연결되어 문화유산으로서의 가치가 높으며, 지역의 정체성을 고양하는 매개체가 되고 있습니다. 또한 자연경관이 수려한 곳에 위치해 그 자체로 훌륭한 관광자원이 되기도 합니다.

선조들의 사상과 문화, 풍류가 깃들어 있는 정자는 각 지역의 역사를 품은 채 문화재로 지정되어 보존되고 있습니다. 지금도 자연경관이 좋은 곳이나 마을이 한눈에 바라보이는 곳에는 주민들의 휴식과 문화의 공간을 겸한 정자가 세워져 있습

보존을 넘어선 아름다운 부활

니다. 서까래 위에 얹은 팔작지붕이 우아한 맵시를 뽐내는 정
자는 사시사철 바람과 햇빛을 오롯이 느낄 수 있어 자연과 하
나 되기를 원했던 선비들의 이상이 잘 반영된 건축물입니다.
주변 자연과의 조화를 바탕으로 삶의 다양한 모습을 변주하는
한옥의 축소판이라는 점에서 종로구도 정자의 가치에 주목하
게 되었습니다.

고유의 멋을 살린 전통정자 축조

종로구는 전통정자를 지어 지역 주민의 휴식처로 조성하는 '전
통정자 축조 사업'을 2018년부터 시행해오고 있습니다. 2020년
까지 4개의 전통정자가 완성되어 공원 이용객과 지역 주민이 쉼
터로 이용하고 있습니다. 가장 먼저 축조된 것은 와룡공원 내 노
후 정자를 새롭게 리모델링한 '와룡정臥龍亭'입니다. 1984년 이
래 지역 주민들에게 일상 속 쉼터가 되고 있는 와룡공원이 전
통의 미를 고스란히 간직한 멋스러운 정자를 업고 한층 업그
레이드된 것입니다. 4개월간의 공사를 거쳐 2018년 5월 30일

대중에게 선보인 와룡정은 규모 약 10㎡, 기와로 지붕을 얹은
지상 1층 목조건물입니다. 와룡정이라는 이름은 정자가 위치
한 공원 이름에서 따왔습니다.

2019년에는 혜화동 올림픽기념국민생활관 내 '혜화정惠化亭'
과 궁정동 무궁화동산 내 '송강정松江亭'을 잇달아 세웠습니다.
혜화정이라는 이름은 정자 근처 서울도성 4소문 중의 하나인

송강정

'혜화문'에서 가져왔습니다. 동소문이라고도 부르는 혜화문은
동대문인 흥인지문과 북대문인 숙정문 사이에 세워졌습니다.
처음에는 '홍화문'이라고 하였다가 1483년(성종4) 새로 창건
한 창경궁의 동문을 홍화라고 정함에 따라 혼동을 피하기 위해
1511년(중종6) 혜화로 고쳐 불렀습니다.

　송강정은 정자 인근에 가사와 시가 문학의 대가인 정철의 집

터 등이 남아 있어 그의 호인 '송강'을 따서 지은 이름입니다. 정철은 지금의 청운동 123번지(청운초등학교 자리)에서 태어나 아버지의 유배 생활을 따라다니다 전라도 담양으로 내려갈 때까지 어린 시절을 이곳에서 보냈다고 알려져 있습니다. 〈관동별곡〉을 비롯한 송강 정철의 문학작품 속에 다수의 정자와 누각이 등장하는 것도 작명에 영향을 끼쳤습니다.

한편, 정철이 정계 은퇴 후 은거 생활을 하던 담양에도 그의 후손들이 1770년에 세운 송강정이라는 정자가 있습니다.

2020년 11월에는 '청진정'도 문을 열었습니다. 청진정은 종로홍보관이 있는 청진공원 안에 세워졌습니다. 청진공원은 빌딩 숲 사이에 자리 잡은 '한 뼘의 숨길' 같은 곳입니다. 주변의 수많은 직장인들과 지나는 사람들로 하루 종일 붐비는 곳이지만 머물러 쉴 공간은 거의 없습니다. 종로구는 청진공원이 바람만 머무는 공간이 아닌 사람들의 온기가 감도는 공간이 될 수 있도록 이곳에 전통정자를 조성했습니다. 연면적 $12m^2$, 두 칸짜리 한옥에 팔작지붕을 얹은 청진정은 앞서 완성된 다른 전통정자들처럼 기와 전체와 목재, 석재의 일부를 한옥 철거자

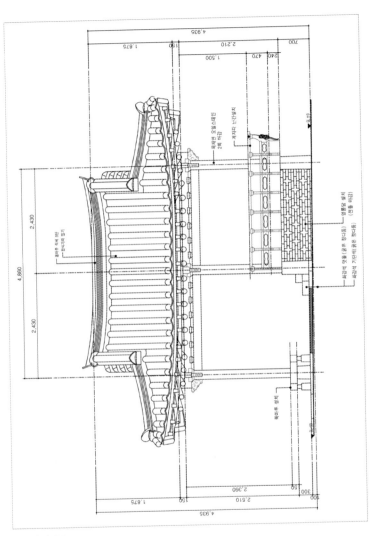

청진정 정면도

재 은행의 부자재를 재활용했습니다. 그러나 다른 세 곳의 전
통정자와 확연히 다른 부분이 있습니다. 신발을 벗고 올라가
마루에 앉는 일반적인 정자와 달리, 청진정은 공원의 벤치처럼
신발을 벗지 않고 앉을 수 있게 입식으로 설계되었습니다. 전
통을 따르면서도 이용자들의 편의를 적극 배려한 새로운 시도
입니다. 도심의 고층 빌딩들이 병풍처럼 둘러싼 청진정에 앉아

있으면 눈부신 햇살 사이로 전해지는 전통문화의 운치에, 편안한 여유와 함께 가슴 뿌듯한 긍지를 느낄 수 있을 것입니다.

한옥 철거자재가 전통정자로 변신

전통정자 축조 사업이 특별한 것은 지난 2015년 2월부터 종로구가 전국 최초로 운영하는 한옥 철거자재 재활용은행을 적극 활용했기 때문입니다. 문화유산으로 충분한 가치를 지녔음에도 불구하고 재개발이나 기타의 사유로 인해 철거되는 한옥의 부자재를 전통정자 축조 사업에 사용한 것입니다. 종로구는 이 한옥 철거자재 은행이 보유한 기존 자재를 40% 가량 사용함으로써 건축비를 크게 절감하면서도 예스러운 멋과 전통의 아름다움을 살린 전통정자를 선보일 수 있었습니다. 이는 자원의 재활용 가치까지 실현한 모범사례로 손꼽힐 만합니다.

종로구는 한국적인 멋을 귀하게 여기며 다양한 사업에 그 가치를 담아내고 있습니다. '전통정자 축조 사업'은 종로구의 역사·문화적 정체성을 드러내면서, 주민의 휴식처를 새롭게 조성했다는 평가를 받는 의미 있는 결실입니다. 전통정자에서 주민들이 내가 살고 있는 공간의 경치를 감상하며 휴식을 취하거나 생활의 여유를 되찾는 것은 종로구가 바라는 이상적인 삶의 한 단면입니다. 그것은 사람 중심의 명품 행정을 지향하는 종로구의 철학이 실현되는 것이기도 합니다. 앞으로 종로구는 이러한 전통정자를 계속 늘려갈 계획입니다.

3부

한옥,
다시 천년을
살다

최근 종로구에는 '서울우수한옥' 인증을
통한 명품 한옥들이 늘어나고 있습니다.
서울우수한옥 인증은 한옥 설계 및 시공을 한
건축가의 노력을 격려하고 해당 한옥에
사는 거주자의 긍지를 높이고자 서울시가
2016년부터 시행하고 있는 제도입니다.
우수 한옥들은 전통적인 형태의 가정집은
물론 종교 시설에서 박물관까지 다양한
용도로 활용되고 있습니다. 도로변에 한옥을
배치하고 안쪽에 양옥의 성전을 세운
특이한 구조의 '가회동성당'과 원불교의
도량으로 사용되는 '은덕문화원'은 이색적인
종교 시설로 유명합니다. 권농동의 좁은
순라길에 인접한 작은 대지에 2층으로 지은
'한국색동박물관'이나 현대미술 전시관인
'리수갤러리' 등은 그 자체가 작품이 되기도
합니다. 이처럼 전통을 잘 보전하면서 지역
특성에 맞는 개발을 통해 과거와 현재,
미래가 공존하는 사람 중심의 건축물을
발전시키기 위해서는 한옥에 대한 이해가
필수적입니다. 형태와 구조는 물론 각 부재의
이름까지 특별한 한옥의 건축 기술에 대한
이해는 한옥문화 보전의 첫걸음입니다.

| 1 |
한옥의 기본 이해

한옥의 종류 및 구분

'한옥'이란 '양옥'에 대한 대비 개념입니다. 19세기 개항 이후 서양과 일본의 근대 건축이 소개되면서 이들과 구분할 말이 필요해졌습니다. 그래서 '양옥'과 구분되는 재래 건축물을 통틀어 '한옥'이라 부르기 시작한 것입니다.

한옥은 오랫동안 우리의 주거 양식과 생활 모습에 맞춰 한반도에 뿌리내린 전통주택입니다. '한옥 등 건축자산의 진흥에

가회동의 채연당(서울우수한옥)

관한 법률' 제2조 2항에는 '주요 구조가 기둥, 보 및 한식 지붕

틀로 된 목구조로서 우리나라 전통 양식이 반영된 건축물 및

그 부속건축물'로 정의하고 있습니다. 오늘날에는 한옥의 형태

와 구조를 갖추면서 이를 현대적인 재료와 기술을 사용해 건

축하는 한옥 건축 양식도 선보이고 있습니다.

조선시대에는 신분에 따라 집의 규모와 형태가 결정되었습

니다. 신분은 노비, 상민(평민), 중인, 양반으로 나뉘어 사회적

역할이나 지위, 경제적 능력에 제약을 받았습니다. 주택의 규모 역시 세종 때만 하더라도 대군은 60칸, 군·옹주는 50칸, 종친·2품 이상은 40칸, 3품 이하는 30칸, 서민 10칸으로 제한되었습니다. 즉, 상민은 아무리 능력이 뛰어나도 10칸 이상의 집은 지을 수가 없었습니다. 이러한 법적 제재는 조선 후기로 갈수록 부농층의 증가, 상업 발달로 인한 신흥 부자의 출현, 신분제의 동요 등으로 점차 유명무실해졌습니다.

과거 일반 서민들은 초가집이나 너와집 등의 민가에 살았고, 사대부 계층은 기와집으로 대표되는 반가班家에 살았습니다. 조선시대 반가는 유교적 윤리가 반영된 건축물입니다. 남녀의 본분이 다르다 하여 안채와 사랑채로 공간을 분리했고, 조상숭배 의식에 따라 집 안에 사당을 마련해 조상의 신주를 모셨으며, 신분의 높고 낮음에 따라 주거 공간을 달리해 하인들이 지내는 행랑채를 대문 가까이에 배치했습니다. 사대부들은 사랑채를 다른 건물보다 더 크고 돋보이게 지음으로써 건축적으로도 자신의 지위를 드러내 보이고자 했습니다. 사랑채는 손님을 맞이하는 접객 장소로서 상징성이 컸기 때문입니다.

한옥은 지붕 및 형태에 따라 맞배집, 우진각집, 팔작집으로 구분할 수 있습니다. '맞배집'은 지붕 구조가 제일 간단한 집으로 집의 앞뒤에만 지붕면이 있고 측면은 없는 형태입니다. 처마와 처마가 만나지 않아 추녀가 없습니다. 전통한옥에서는 사당을 거의 맞배집으로 지었으며, 곳간채나 행랑채 등에서도 가끔 나타납니다. '우진각집'은 사방 네 면에 경사진 지붕이 있는 집입니다. 초가지붕은 모두가 우진각의 형태를 띠었습니다. 우진각지붕은 처마의 네 귀퉁이에 추녀가 달려 있습니다. '팔작집'은 우진각지붕의 양측면 지붕 중간쯤을 잘라 그 위에 맞배지붕을 얹은 집입니다. 맞배지붕 측면은 삼각형 모양이 나오는데 이 부분을 '합각'이라고 합니다. 합각은 보통 판재로 마감하지만 벽돌이나 기와 등으로 다양한 무늬의 벽을 만들기도 합니다. 팔작지붕은 궁궐이나 사찰 법당 등 중요한 건물에는 반드시 쓰였고, 반가의 안채와 사랑채 등에도 종종 쓰였습니다.

한옥은 집의 평면 구조가 그대로 외형이 되기도 합니다. 가장 기본적인 구조는 'ㅡ'자형인데 방과 마루, 부엌을 한 줄로 배열한 단순한 구조입니다. 바람이 잘 통하고 햇볕이 잘 드는 마루

구조가 발달했습니다. 'ㄱ'자형은 'ㅡ'자형 구조를 직각으로 배치하여 넓은 마당을 활용할 수 있습니다. 'ㄷ'자형은 'ㅡ'자형 구조를 양 날개에 배치하고, 건물 중심부에 안방과 대청을 배치한 구조입니다. 'ㅁ'자형은 'ㄱ'자형 두 개를 사각형 모양으로 맞붙여 중앙에 마당을 둔 폐쇄 구조로, 추위를 막고 집안의 열을 유지하는 데 효율적인 구조입니다. 겨울이 춥고 긴 지역에서 주로 나타나는 형태입니다. 이렇듯 한옥은 대륙성 기후와 해양성 기후를 모두 가진 한반도의 더위와 추위를 해결하기 위해 마루와 온돌이 결합된 독특한 구조를 갖추고 있습니다.

한옥의 양식

한옥은 기둥과 같은 수직 부재와 보나 도리 같은 수평 부재가 만나 얼개를 이루는 구조입니다. 이때 보나 도리는 무한정 길게 만들 수 없기 때문에 연결해서 사용해야 합니다. 연결은 기둥과 만나는 지점에서 이루어지는데, 이때 그냥 기둥에 얹어만 두면 연결 부위가 불안정해 기둥 위에 주두와 같은 받침목을 두게 됩니다. 또한 기둥 위에 '+'자로 놓여 지붕의 하중을 기둥에 전달하는 부재를 '공포栱包'라고 합니다. 공포는 구조적 역할뿐만 아니라 의장적인 역할을 하기도 합니다. 처마 밑에 장식하는 공포 부재들의 조합과 위치에 따라 한옥 양식을 구분할수 있습니다.

주심포식柱心包式

공포를 기둥 위에만 놓은 것을 주심포식이라고 부릅니다. 주심포의 경우 기둥머리에서 기둥과 기둥을 연결하는 '창방'이란 부재가 존재합니다. 공포 형식으로 보면 대개 첨차 3개를 끼운 3포식과 익공식이 여기에 속합니다. 법주사 원통보전과 같이 7포식이면서 주심포 양식인 건물도 있지만, 대개는 고려 이전 3포식 건물이 대부분을 차지합니다. 부석사 무량수전이 이에 속합니다. 주심포 형식의 건물은 맞배지붕에서 주로 보이고, 간결하고 소박한 느낌을 줍니다.

다포식多包式

기둥 위는 물론 기둥 사이에도 공포를 배열한 방식입니다. 이

부석사 무량수전

때 기둥 위에 올라간 공포를 주심포식(주상포柱上包), 기둥 사이의 것은 주간포柱間包(간포)라고 합니다. '주간포'는 기둥 간격에 따라 2~3개가 오기도 하며 모양은 주심포와 같습니다. 고려 말에 나타나 조선시대에 널리 쓰였으며, 주심포에 비해 지붕 하중을 고루 전달하는 합리적인 구조법으로써 작은 부재를 반복해 사용하는 표준화와 규격화를 추구한 양식입니다. 다포식 건물은 주간포를 받치기 위해 창방 외에 '평방'이라는 부재가 추가되었으며 주로 팔작지붕이 많습니다. 주심포에 비해 부재 자체의 세공은 덜하지만 첨차를 여러 개 덧대면서 장식의 효과가 더해집니다. 주로 궁궐이나 사찰 등의 주요 정전에 사용되었습니다.

익공식翼工式

창방과 직교하여 보 방향으로 새 날개 모양의 '익공'이라는 부재를 사용한 공포 유형입니다. 사용된 익공의 숫자에 따라 세분하는데 익공이 하나일 때는 초익공初翼工, 두 개인 경우는 이익공二翼工, 세 개인 경우 삼익공三翼工이라고 부릅니다. 또한 익공의 끝 모양을 뾰족하지 않고 둥글게 만든 것을 물익공勿翼工

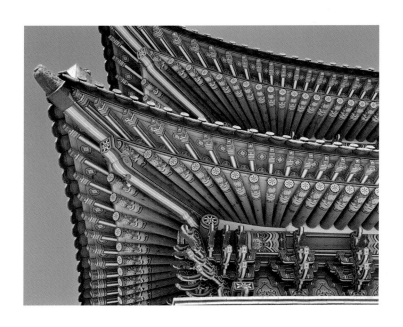

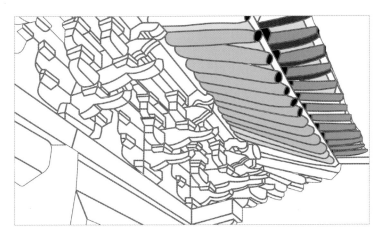

한옥, 다시 천년을 살다

초익공(위)과 이익공(아래)

이라고 합니다. 익공은 대개 초익공과 창방이 기둥머리에서 직
교하는 경우가 많습니다. 보통 민가에서는 뾰족하거나 물익공
형태로 만들지 않고 반듯하고 단순하게 자른 직절익공直切翼棋
을 사용했습니다.

민도리식

첨차나 익공 등의 공포 부재를 사용하지 않고 출목도 없는 결구법을 말합니다. 기둥머리에서 익공을 사용하지 않고 보와 도리를 직접 직교하여 결구하는 구조입니다. 익공식과 거의 유사한데, 차이점은 창방이 사용되지 않는다는 점입니다. 한편, 설치되는 도리가 둥근 경우에는 '굴도리'라고 하고, 네모난 경우에는 '납도리'라고 합니다. 도시한옥은 민도리식이 주를 이루고 있으며, 간혹 익공식도 볼 수 있습니다.

처마의 종류 및 분류

'처마'는 서까래가 기둥의 바깥으로 삐져나온 부분을 통칭해 부르는 명칭입니다. 계절에 따라 집안으로 들어오는 햇볕의 양을 다르게 조절하는 건축적 장치이며, 나무 기둥이 빗물에 닿아서 썩는 불상사를 막는 역할도 합니다. 처마 길이는 건물 규모에 따라 다르고 태양의 남중고도와도 관련이 있습니다. 처마를 길게 뺄수록 여름을 시원하게 날 수 있다는 장점이 있습니

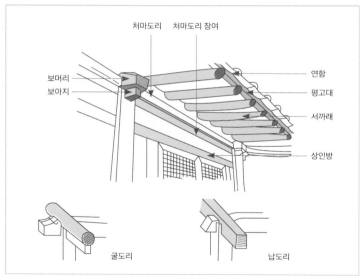

홑처마(왼쪽)와 겹처마(오른쪽)

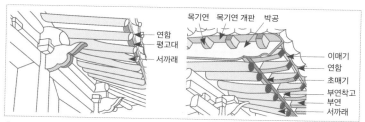

홑처마(왼쪽)와 겹처마(오른쪽)

다. 또한 장식적인 요소를 겸비해 건물을 더욱 화려해 보이도록 합니다. 서까래 하나로는 처마를 길게 빼는 데 한계가 있어 서까래 끝에 '부연浮椽'이라고 하는 사각형의 짧은 서까래를 덧붙이기도 합니다. 부연이 있는 처마를 '겹처마', 부연 없이 하나의 서까래로만 된 처마를 '홑처마'라고 합니다.

| 2 |
한옥의 시공과 건축

자주 사용하는 한옥 부재의 명칭

- **인방** : 기둥과 기둥 또는 벽선에 가로질러 벽체의 뼈대 또는 문틀이 되는 가로재
- **문선**(문설주) : 문의 양쪽에 세워 문짝을 끼워 단 기둥
- **서까래**(장연, 단연) : 도리 위에 경사지게 걸쳐 대어 지붕의 뼈대를 이루는 부재
- **부연** : 서까래의 처마 끝에 덧얹어 건 짧은 부재

- **부연착고** : 초매기 위 부연의 뒷뿌리 사이를 막아 끼운 널

- **평고대**(초매기, 이매기) : 서까래나 부연의 끝에 걸쳐 댄 가는 부재

- **연함** : 암키와 뒷면에 맞는 골을 파서 평고대 위에 박아 대어 암키와를 받는 부재

- **처마도리**(주심도리) : 기둥 위에서 보의 직각 방향으로 걸어 서까래를 받는 수평재

- **중中도리** : 처마도리와 종도리 사이에 건 도리

- **종宗도리** : 최상부에 건 도리

- **장여** : 도리 밑에 평행으로 받쳐 거는 부재

- **적심도리**(마루적심) : 종도리 위 서까래 위에 놓여 상부가구를 눌러주는 도리

- **대보**(대들도, 대량) : 기둥 위에 얹힌 큰 보

- **종보**(종량) : 대들보 위에 동자기둥을 양쪽에 세우고 건너지른 보

- **대공** : 종도리를 받는 두꺼운 널로 만든 짧은 대공

- **보아지** : 기둥 위에 설치되어 보를 받는 짧은 부재

- **익공** : 창방에 직교하여 기둥과 결구되고 보를 받는 부재

- **목기연** : 박공에 직각으로 거는 목부재

- **박공** : 건물 측벽에서 내민 경사지붕 옆면에 붙인 널

한옥, 다시 천년을 살다

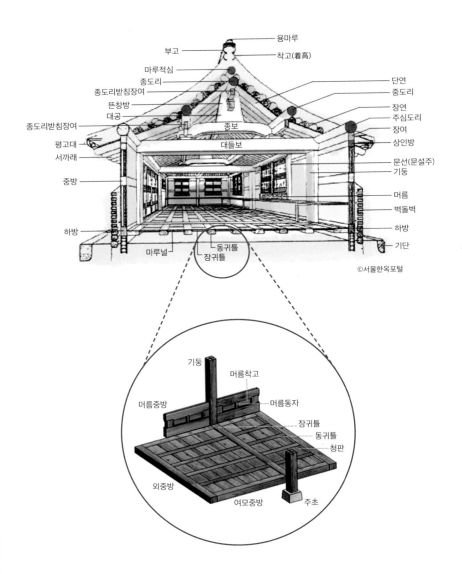

용마루
부고
착고(着高)
마루적심
종도리
단연
종도리받침장여
중도리
뜬창방
장연
대공
주심도리
종도리받침장여
종보
장여
평고대
대들보
상인방
서까래
문선(문설주)
기둥
중방
머름
벽돌벽
하방
하방
기단
마루널
동귀틀
장귀틀
©서울한옥포털

기둥
머름착고
머름중방
머름동자
장귀틀
동귀틀
청판
외중방
여모중방
주초

- **목기연개판** : 목기연 위를 덮는 판재

- **주두** : 기둥머리를 장식하며 공포 부재를 받는 네모진 부재

- **소로** : 장여나 공포 부재의 밑을 받쳐 괸 네모난 부재

- **장귀틀** : 기둥과 기둥 사이에 길게 건너 대어 동귀틀을 받고 마루널을 끼우는 부재

- **동귀틀** : 장귀틀과 장귀틀 사이에 건너지르며 마루널을 끼우는 부재

- **머름** : 창 밑의 마루와 창틀 사이에 설치한 높은 문지방으로, 머름동자를 세우고 널로 막아 댄 부분

- **마루널**(청판) : 마루에 까는 널

- **머름동자** : 머름중방과 머름대 사이에 가격을 두고 세운 짧은 기둥

- **여모중방** : 대청 앞 마룻바닥에 가로지른 인방

- **하엽** : 계자각, 동자기둥 위에 얹어 난간대를 받치는 연꽃잎 모양의 부재

- **돌란대**(난간대) : 난간의 맨 위에 건너지른 긴 부재(원형, 8각, 4각으로 함)

- **계자다리**(계자각) : 위는 구부정하게 내밀고 초새김하여 난간의 중간 중간에 세워 난간대를 받치는 짧은 부재

- **치마널** : 난간 밑 인방 옆에 덧붙인 넓은 널

- **풍혈** : 청판 부재에 통풍을 위해 뚫어놓거나 비어놓은 구멍

- **용마루** : 지붕의 중앙부에 가장 높이 있는 수평 마루

- **차꼬막이** : 용마루 적새(암키와) 밑의 기와 골을 막는 수키와

- **부고** : 용마루 양쪽의 차꼬막이 위에 세워서 얹는 수키와

한옥 건축과 시공의 이해

① 한옥의 시공 및 장인들

한옥은 나무, 흙, 돌을 이용해서 집을 짓기 때문에 한옥을 시공할 때에는 뛰어난 기술을 가진 여러 분야의 전문가, 즉 장인이 필요합니다. 한옥에서 가장 중요한 장인은 주요 구조체를 시공하는 목수이며, 목수는 대목수大木手와 소목수小木手로 구분합니다. '대목수'는 목재를 다듬어 기둥, 보, 도리, 공포를 짜고 추녀 내기, 서까래 걸기 등 한옥의 구조체에 해당하는 공사를 합니다. '소목수'는 가구를 꾸미는 사람으로 창, 창살, 반자, 마루, 난간 짜는 일 등을 합니다. 목수 이외에도 기와공, 흙벽공, 석공 등의 다양한 장인이 있습니다. 기와공은 지붕에 기와 이는 일을 하며, 흙벽공은 벽체를 채우고 기타 흙 채우는 일을 담당합니다. 석공은 주춧돌을 비롯해 석재 다루는 일을 맡습니다.

② 한옥 공사의 순서와 의례

한옥 공사는 터잡기로 시작하여 집을 지은 후 주변가꾸기로 마무리합니다. 공사의 중요한 단계마다 각종 의식을 행하는데, 이중 종도리를 올리면서 지내는 '상량식上樑式'은 한옥 공사에서 가장 중요한 의례로 꼽힙니다. 기둥에 보를 얹고 그 위에 처마도리와 중도리를 걸고 마지막으로 마룻대 올리는 것을 상량이라고 하는데, 이때 지내는 의례가 상량식입니다. 집의 주요한 구조가 완성되었음을 알리는 일이기도 하거니와 고생한 장인들의 노고를 치하하는 자리입니다. 한옥의 전체 공사 및 의례 순서는 다음과 같습니다.

- **집터잡기** : 땅의 생김새나 형세에 따라 집의 규모와 좌향 등을 정합니다. 복거卜居, 좌향坐向 의례를 치릅니다.

- **기초공사** : 건물이 들어갈 자리를 다듬는데, 처음 땅을 팔 때 개기開基 의례를 치릅니다.

- **초석 놓기** : 기둥을 세울 장소에 주춧돌을 놓고 열초列礎 의례를 치릅니다.

- **치목** : 나무를 용도에 맞게 다듬는 작업입니다. 이때 치목治木 의례를

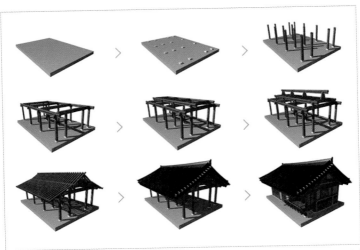

한옥 시공 순서 　　　　　　　　　　　　　　©국가한옥센터

치릅니다.

- **조립** : 기둥을 세우고, 대들보와 도리를 얹은 다음 서까래, 개판 등의
  지붕 부재를 조립하여 한옥의 기본 구조를 완성합니다. 입주立柱, 상
  량上樑 의례를 치릅니다.

- **기와잇기(기와이기)** : 완성된 지붕 구조에 나무와 흙을 두텁게 쌓고 암
  키와와 수키와를 깝니다.

- **수장드리기** : 모든 구조 부재가 안정된 후 문선(문설주), 인방 등을 설
  치합니다.

- **흙벽치기** : 진흙, 백토, 생석회 등을 섞은 흙에 짚 등을 넣어 벽을 바릅니다. 현대에는 다양한 재료 및 공법으로 벽체를 구성합니다.

- **마감공사** : 온돌, 마루, 난간, 창호 공사 등을 시행합니다. 현대에는 온돌의 간접난방 방식을 적용한 다양한 난방 방식을 활용합니다.

- **기단공사** : 기단석 설치, 디딤석 설치, 기단 채우기, 미장 등의 작업을 합니다.

- **주변가꾸기** : 건물 주변에 화단과 장독대, 담장, 대문 등을 설치하고 꾸밉니다.

- **입택하기** : 풍수에 따라 정해진 날에 집에 들어갑니다. 입택^{入宅} 의례를 치릅니다(현판식, 입주식).

③ 기초공사 및 초석 놓기

ㄱ. 전통한옥

전통한옥에서는 땅을 파고 잡석과 강회를 섞어서 달고질(나무, 돌, 동아줄을 사용하여 다지는 행위)을 하는 강회잡석지정을 먼저 합니다. '초석'은 기초 위에 설치되며 기둥을 받치는 주춧돌을 말합니다. 초석은 상부의 하중을 기초 및 지면에 효율적으로 전달하며, 땅의 습기가 기둥 등 목재에 닿지 않도록 차단

덤벙주초 | 방형주초
다각주초(육각, 팔각) | 원형주초
장주초

합니다. 초석은 모양과 형태에 따라 덤벙주초, 방형주초, 다각
주초, 원형주초, 장주초 등으로 나누어집니다. 덤벙주초는 가
공 없이 자연석 그대로 사용한 초석입니다. 이때 강가에 많은
강돌은 미끄러운데다 돌의 성질이 차고 음하다 여겨 사용하지

않고 산돌을 주로 씁니다. 자연석을 다듬어 쓰는 가공 초석에는 사각기둥 형태의 방형주초를 비롯해 육각기둥이나 팔각기둥 모양의 다각주초, 원기둥 형태의 원형주초, 세로로 긴 사각기둥 형태의 장주초 등이 있습니다.

ㄴ. 현대한옥

현대한옥의 기초공사는 시공성과 구조적 안전을 위해 대부분 철근콘크리트를 사용합니다. 기초는 주초석 밑에 독립기초 형태로 설치하거나 바닥 전체를 매트기초로 하는 경우가 대부분입니다. 간단한 구조에서는 기초를 무근콘크리트로 하고 철망으로 보강하기도 합니다. 기초로 콘크리트 타설 후 높이를 맞춰 초석을 놓고, 초석과 기초 사이의 틈에는 고강도콘크리트로 그라우팅grouting을 실시합니다. 내진구조가 적용되는 한옥건축물의 경우 콘크리트 타설 전에 미리 앵커볼트를 설치해 구조물과 초석을 고정하는 공법도 사용하고 있습니다.

④ 목공사(치목과 조립)

목재를 다듬어 치목한 뒤 목구조를 조립합니다. 먼저 기초 위에 기둥을 세우고, 기둥 상부에 창방을 짜 맞춤합니다. 그 위에 주두를 놓고, 앞뒤 방향으로 보를 끼운 다음 직각 방향으로 도리를 얹어서 완성합니다. 포집이나 익공집에서는 주두를 놓은 후 포를 올리며, 민도리집에서는 주두 없이 기둥머리에서 보와 도리를 직교하여 직접 결구해 완성합니다.

⑤ 지붕공사

지붕 가구의 조립과 기와잇기로 진행됩니다. 지붕공사를 할 때 가장 먼저 설치되는 주요 부재는 추녀입니다. 추녀는 지붕 모서리에서 45도 각도로 걸린 방형의 단면 부재로 팔작지붕이나 우진각지붕에는 있지만 맞배지붕에는 없습니다. 지붕 가구의 조립은, 추녀의 곡선 및 길이 결정, 설치 → 서까래의 곡선 및 길이 결정 → 서까래와 평고대 설치 및 고정 → 부연 걸기 → 합각 부분 마무리로 진행되며 이때 지붕의 곡선도 결정됩니다. 지붕 가구 조립 후에는 기와잇기를 합니다. 서까래 사이에 산자엮기 또는 개판을 설치한 후 흙을 덮고, 적심 및 보토를 깝니다. 이후 암키와를 깔고 홍두깨흙을 채워 수키와를 쌓은 후, 마룻기와를 올려 완성합니다.

⑥ 수장공사

건물의 내부를 치장하는 마무리 공사입니다. 가구식 구조의 벽은 힘을 받는 내력벽이 아니라 실내외를 구분하는 칸막이벽입니다. 전통한옥의 벽은 주재료가 흙이기 때문에 건조·수축에 의한 틈이 발생할 수 있습니다. 그래서 수직재인 '벽선'과 수평재인 '인방'으로 일정 구간 벽체 틀을 구성하여 흙벽을 지지하면서 기밀성을 높입니다. 벽선과 인방 설치 후에는 '문선'과 창 아래 높은 문지방인 '머름'을 설치합니다. 창호와 마루의 설치는 벽체공사를 마치고 진행합니다. 마루는 장귀틀과 동귀틀로 구성한 '우물마루'가 전통 방식이지만 현대에는 난방을 위해 다양한 재료와 공법으로 마감하고 있습니다.

⑦ 벽체공사

ㄱ. 전통한옥

전통한옥의 흙벽치기는 외엮기 → 초벽치기(초벌바름) → 맞벽치기(초벌바름) → 재벌바름 → 정벌바름의 순으로 마감하게 됩니다. 마무리 단계인 정벌바름에서는 마감 재료에 따라 벽 이름도 다르게 부릅니다. 회반죽을 발라 흰 벽을 만든 것을 '회벽', 진흙과 백토를 섞어 바른 것을 '사벽', 진흙과 백토와 회를 섞어 바른 것을 '회사벽'이라고 합니다. 외엮기를 하기 전 기본적으로 심벽을 구성하는데 1~1.3치 정도의 자연목을 사용하여 상하 인방 사이에 '중깃'이라는 버팀대를 인방에 통맞춤하여 세웁니다. 중깃 사이에는 중깃보다 굵기가 가는 '힘살'을 설치하고, 그 힘살과 직교하는 '가시새'를 설치합니다. 그다음 가로살의 '눌외'와 세로살의 '설외'를 얇은 새끼줄로 외엮기를 해

| 전통한옥의 흙벽치기 과정 |

① 외엮기: 흙을 바르기 위해 벽 속에 뼈대를 만들고 벽틀을 짠다.

② 초벽치기: 흙벽치기 첫 단계로, 벽 안쪽에 흙을 발라 초벌한다.

③ 맞벽치기: 초벽 한 반대편에도 흙을 발라 초벌한다.

④ 재벽바름: 초벌(초벽+맞벽)한 양쪽 벽에 다시 흙을 바른다.

⑤ 정벌바름: 또 한 번 흙을 덧발라 흙벽치기를 마무리한다.

벽틀을 짭니다. 외의 재료는 싸리나무, 수수깡 등입니다. 요즘에는 힘살 및 가시새를 잘 쓰지 않고 싸리나무 대신 대나무나 쫄대목으로 외를 쓰고 설외도 잘 사용하지 않습니다.

ㄴ. 현대한옥

현대한옥에서는 재료와 시공 기술이 발전함에 따라 전통 방식은 거의 따르지 않으며 다양한 방법으로 벽체를 구성하고 있습니다. 특히 단열 성능을 확보하기 위해 조적벽 또는 다양한 건식 벽체 등과 함께 단열재를 설치합니다. 그러나 최종적인 마감은 회벽으로 처리하거나 그와 비슷한 효과를 내는 여러 재료를 사용하고 있으며, 화방벽을 설치하거나 다양한 전통 외관으로 한옥의 모습을 갖추고 있습니다.

⑧ 바닥(난방)공사

ㄱ. 전통한옥

온돌은 신석기 유적에서도 확인될 정도로 오래된 전통 난방법입니다. 열효율이 높고 위생적일 뿐만 아니라 여간해서는 고장이 나지 않아 잔손질이 필요 없는 경제적인 설비이기도 합니다.《조선왕조실록》에 처음 등장하는 '온돌溫突'이란 말은 순 우리말로 '구들'이라고도 부릅니다. 구들의 구조는 부엌의 아궁이, 방의 구들장, 굴뚝으로 나뉩니다. 아궁이에서 불을 피우면 불길이 고래를 따라 이동하면서 구들장을 데우고 굴뚝을 통해 연기로 빠져나갑니다. 구들은 간접난방 방식이기 때문에 실내 환경을 쾌적하게 유지할 수 있고, 난방과 동시에 요리도 해결할 수 있어 한옥에 널리 사용되었습니다.

바닥 복사난방의 대표적인 유형인 온돌은 전도, 복사, 대류 현상을 이용하고 있어 대단히 과학적입니다. 먼저 아궁이에서 불을 때면 그 열기가 방바닥에 깔아놓은 구들장으로 전해지는데, 이것은 열의 전도傳導 원리입니다. 또한 데워진 구들장에서 나온 열기가 방 전체에 퍼지는 것은 열의 복사輻射 현상이며,

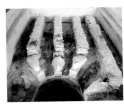  

구들(온돌) 구들장 아궁이

방 안의 공기가 위아래로 순환되면서 훈훈해지는 것은 대류^對^流 현상이라고 할 수 있습니다. 열의 전도와 복사, 대류 현상을 이용하여 추운 겨울을 따뜻하게 보내려는 선조들의 지혜를 엿볼 수 있습니다.

- **아궁이와 부뚜막** : 아궁이는 고래에 불을 넣는 구멍으로 화구^{火口} 또는 돌구라고 할 수 있습니다. 난방을 위한 노^爐와 취사를 위한 부뚜막이 분리된 것은 청동기시대 움집에서부터입니다. 그러나 철기시대에 이르러 긴 고래 구들이 보급되어 한쪽에 아궁이를 두면서, 불을 지피면서 그곳에 솥을 걸어 음식을 만들 수 있게 되었습니다. 차츰 취사 생활이 확대되고 공간이 분화되면서 아궁이와 부뚜막이 있는 곳에 부엌이 만들어져 지금에 이르렀습니다.

- **함실** : 고래가 시작되는 부넘기 바로 앞에서 불을 지피는 아궁이를 말합니다. 조리용 부엌이 필요 없는 사랑채나 건넌방, 행랑 등에서는 부뚜막 없이 아궁이만 만들었습니다. 때로는 벽체에 구멍만 뚫어 아궁이로 사용하기도 했습니다. 이를 함실에 불을 지핀다는 의미로 함실 아궁이라고 합니다.

- **불목** : 아궁이의 열기가 골고루 퍼지도록 고래가 시작되는 어귀에 불

룩하게 올라온 턱이 있습니다. 이 턱을 불이 넘어가는 고개와 같다 해서 부넘기 혹은 불고개, 구멍이 좁은 목구멍 같다고 해서 불목이라고도 부릅니다. 불을 피우면 열기가 작은 고개를 타넘듯이 불목을 넘어 고래 안쪽으로 넓게 퍼져 들어가게 됩니다.

- **불목돌, 함실장** : 불이 직접 닿는 아궁이는 매우 뜨겁습니다. 따라서 불목과 함실 위를 덮는 구들장은 특별히 두껍고 큰 것을 사용하는데 이를 불목돌, 함실장이라고 합니다.

- **고래(고래바닥, 고래둑, 구들장)** : 고래는 아궁이에서 지펴진 불길을 굴뚝까지 유도하는 통로입니다. 고래바닥과 고래둑, 구들장으로 이루어진 고래는 굴뚝의 위치와 모양에 따라 여러 가지 형태가 있습니다. 가장 일반적인 것은 아궁이와 굴뚝을 반대편에 놓고 고래를 직선으로 놓는 줄고래입니다. 고래를 부챗살처럼 놓은 것은 부채고래라고 합니다. 드물게 불길이 고래를 서로 넘나들 수 있도록 터놓기도 하는데 이를 허튼고래라고 합니다. 고래둑 위에는 판석을 얇고 넓게 깔아 구들장을 놓습니다. 구들장 위에는 연기가 새어 나오지 못하도록 진흙을 물에 개어 빈틈없이 바른 뒤, 그 위에 장판지를 바르고 콩댐 등으로 마감하면 방바닥이 됩니다. 그렇게 구들이 완성됩니다.

- **시근담** : 구들장을 걸치기 위해 고막이벽 안쪽으로 나지막하게 쌓은

담입니다.

- **굇돌** : 고래둑을 설치하지 않는 곳이나 허튼고래에서 구들장을 받치는 돌입니다.

- **사춤돌과 거미줄치기** : 사춤돌은 구들장을 놓은 다음 그 사이에 끼워 넣는 작은 돌입니다. 구들장 사이의 틈을 사춤돌로 채우고 진흙으로 메꾸어 바르는 것을 거미줄치기라고 합니다.

- **고래 개자리** : 고래가 모아지는 윗목 밑으로 고래보다 깊이 파놓은 고랑을 개자리라고 합니다. 개자리는 뜨거운 공기가 고래를 통과하면서 식어 공기 중에 섞여 있던 그을음이나 찌꺼기 등을 떨어뜨리는 곳입니다. 그래서 구들을 오래 사용하면 정기적으로 개자리의 찌꺼기를 제거해주어야 합니다. 또한 개자리는 연기의 역류도 막아주고 빗물이나 이물질이 고래로 유입되는 것을 차단하는 역할도 합니다.

- **연도**煙道 : 개자리와 굴뚝을 연결하는 통로를 연도라고 합니다. 연도는 땅속에 묻히기 때문에 물이 스며들어 막히지 않도록 조심해야 합니다.

- **굴뚝** : 아궁이에서 불을 때면 생기는 연기를 밖으로 내보내는 장치입니다. 아궁이의 불을 빨아들이는 역할을 수행하기에 빈틈없이 잘 만들어야 불이 잘 큅니다. 굴뚝에도 고래 개자리와 같은 역할을 하는 굴

뚝 개자리가 있습니다. 굴뚝 하부를 한층 깊이 파서 연기의 역류를 막으며 그을음, 재 등이 모이게 합니다. 굴뚝은 재료와 모양에 따라 매우 다양하며 지역적 특성도 갖고 있습니다. 한옥에서의 굴뚝 높이는 처마 위 30㎝ 이상(처마와 용마루 높이 사이)으로 하는 것이 일반적입니다. 굴뚝이 높을수록 흡입력이 세고 배출 속도가 빨라지지만, 현지 여건과 여러 조건에 따라 높이가 달라집니다.

ㄴ. 현대한옥

온돌이 우수한 난방 방식이기는 하나, 도심지에서는 땔감이나 연소로 인한 연기 문제 등 현실적인 어려움이 많습니다. 그래서 현대한옥에서는 온돌의 장점인 간접난방 방식을 적용한 다양한 방법이 이용되고 있습니다. 가장 많이 사용되는 것은 온수파이프 패널히팅 방식입니다. 최근에는 파이프를 데우기

 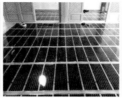 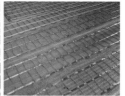

온수파이프 패널히팅 방식   전기필름 방식   전기케이블 방식

위해 다양한 전도체가 사용되며, 파이프 안에는 전기코일이 활용되기도 합니다. 그외 전기필름, 전기케이블 방식 등도 적용하고 있습니다.

⑨ 담장 쌓기

담장은 개인의 사생활을 보호하는 방어적 개념의 울타리로서 경계를 구분짓거나 방음과 방화, 시선 차단 등의 기능을 담당합니다. 전통담장은 재료와 모양, 쌓는 방법 등이 매우 다양합니다. 성곽이나 궁궐을 제외하고는 사람의 키를 넘는 경우가 드물어 위협감이 없는 아담한 경계를 만들어줍니다. 담장은 쌓는 재료와 기능상 성격에 따라 분류할 수 있습니다. 담장의 윗부분에 기와를 설치하기도 하는데 궁궐에서는 서까래를 걸어 목조 건물과 같은 방식으로 격식을 높이기도 했습니다.

- **사괴석 담장** : 사괴석(네모반듯하게 가공된 돌)으로 쌓은 담장을 의미합니다.
- **사괴석 전돌 담장** : 사괴석 담장 위로 벽돌을 쌓아 시각적인 안정감을 줍니다.

한옥, 다시 천년을 살다

사괴석 담장   사괴석 전돌 담장

꽃담   토석담

와편 담장   토석담(왼쪽)과 토담(오른쪽)

- **꽃담** : 벽돌을 사용하여 담장을 치장하거나 화장벽돌로 문양을 연출한 담입니다. 주로 궁궐 건축에 많이 사용되었으며 서민들은 기와 조각을 이용하여 소박한 문양을 연출했습니다.

- **와편 담장** : 기와 조각과 흙을 섞어 쌓은 담장입니다.

- **토담** : 흙을 이용한 판축 기법의 담장입니다. 토담 위에는 초가 등을 잇기도 합니다.

- **토석담** : 흙으로만 쌓은 토담은 빗물에 약하기 때문에 작은 자연석을 섞어 쌓아 만듭니다. '막돌 담장' 또는 '토석 담장'이라고도 하며 위에 와편을 치장하기도 합니다.

- **돌담** : 자연석만으로 쌓은 담장을 말하며, '돌각담'이라고도 합니다.

한옥, 다시 천년을 살다

I 한옥 관련 법령 체계도 I

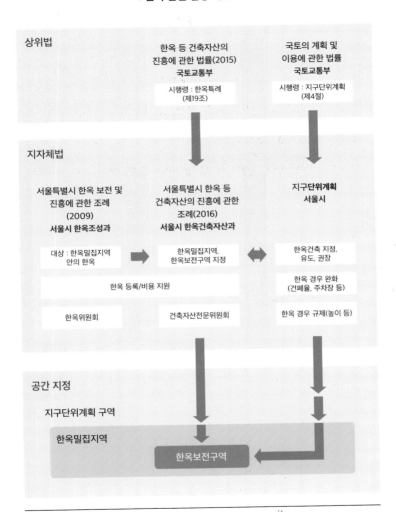

상위법

한옥 등 건축자산의 진흥에 관한 법률(2015) 국토교통부	국토의 계획 및 이용에 관한 법률 국토교통부
시행령 : 한옥특례 (제19조)	시행령 : 지구단위계획 (제4절)

지자체법

서울특별시 한옥 보전 및 진흥에 관한 조례 (2009) 서울시 한옥조성과	서울특별시 한옥 등 건축자산의 진흥에 관한 조례(2016) 서울시 한옥건축자산과	지구단위계획 서울시
대상 : 한옥밀집지역 안의 한옥	한옥밀집지역, 한옥보전구역 지정	한옥건축 지정, 유도, 권장
한옥 등록/비용 지원		한옥 경우 완화 (건폐율, 주차장 등)
한옥위원회	건축자산전문위원회	한옥 경우 규제(높이 등)

공간 지정

지구단위계획 구역

한옥밀집지역

한옥보전구역